産経NF文庫
ノンフィクション

冤罪

田中角栄とロッキード事件の真相
[文庫特別版]

石井 一

潮書房光人新社

◆冤罪　目次

第三章　真相を求め米国へ

第四章

米国の「陰謀」——その構図

第五章 何がオヤジを「闇将軍」にしたか

第六章 苦悩のゴルフとオールドパー

第七章 オヤジが枕元に置いた小冊子

文庫特別収録

オヤジの無念を晴らす司法改革

冤罪

田中角栄とロッキード事件の真相［文庫特別版］

ある「灰色高官」の罪と死――文庫版刊行によせて

大正、昭和、平成、そして令和。四つの時代を生き抜いた政治家が、この冬、オヤジのいる黄泉《よみ》の国の住人となりました。

奇縁というものなのでしょうか、オヤジ、田中角栄に遅れることわずか三週間あまり、大正七年（一九一八年）五月二十七日に生を受けた中曽根康弘氏は、やはりオヤジと同じく昭和二十二年（一九四七年）四月二十六日執行の総選挙で初当選、オヤジと「初当選同期組」として政界入りを果たしました。

衆議院で連続当選二十回、閣僚経験多数、内閣総理大臣として頂点に昇りつめ政治家の本懐を遂げた中曽根氏は、「戦後政治の総決算」を掲げ、電電公社、専売公社の民営化、国鉄の分割・民営化を実現、ロナルド・レーガン大統領と「ロン・ヤス関係」を築いて日米関係の強化に努めたほか、原発政策や憲法改正論議にも大きな影響を与えました。

平成九年（一九九七年）には大勲位菊花大綬章を受章、政界引退後も存在感と発言力を維持し続けた、この大政治家が去る令和元年（二〇一九年）十一月二十九日に逝去したというニュースに接したとき、その報道のなされ方に、私は違和感のような、物足りなさのようなものを感じました。

それはなぜか。訃報という記事の性質からか、マスコミは、元総理の死を、ただ彼の業績の称賛をもってのみ報じ、戦後最大の疑獄事件である「ロッキード事件」における中曽根氏の「犯した罪」を語ったものが、私の知るかぎり、皆無だったからです。

今をさかのぼること半世紀前の昭和四十五年（一九七〇年）、第三次佐藤栄作内閣で防衛庁長官であった中曽根氏は、潜水艦の探知や攻撃を主な任務とする航空機「対潜哨戒機」の国産化を目指していました。しかし、米国ロッキード社は、同社が代理人として立てた児玉誉士夫氏の中曽根氏に対する影響力と、二十億円以上ともいわれるロッキードから流れた児玉の工作資金とによって翻意した中曽根氏から、次期対潜哨戒機「P3C」約五十機の受注に成功しました。

ロッキード社による贈賄事件が米国議会で表面化した昭和五十一年（一九七六年）二月、すでに国内では、クリーンな政治を標榜し金権批判でオヤジを退陣に追い込んだ三木武夫氏が総理の椅子にすわり、中曽根氏は自民党の幹事長を務めていました。詳細は本文に譲りますが、ごく端的に申し上げてロッキード事件とは、問題の焦点を軍用機のP3Cから民間旅客機のトライスターに、さらには「主犯」を中曽根氏からオヤジに置き換えて描かれたフィクションのストーリーである、日本の社会全体に最大の悲劇を招いた「冤罪事件」であると、私は確信しています。

三十六年前の昭和五十八年（一九八三年）、オヤジの一審判決の直前に私は、独自の調査をもとに「政治家として考える」という非公開の小冊子を作成し、オヤジはそれを枕元に置いて精読していました。その資料の中でも、すでに私はP3Cについて触れています（第七章に全文掲載）。

この主張は私のみにとどまらず、元参議院議員で、事件当時は前尾繁三郎衆議院議長の秘書を務めていた平野貞夫氏や、ジャーナリストの高野孟《はじめ》氏なども、彼らの著書の中で数々の論拠とともに開陳しています。

この巻頭文をしたためるにあたり、私は友人の平野君と久方ぶりに面談しました。

平野君によれば、彼と親交があり、児玉の証人喚問が取り沙汰されていた当時、東京女子医科大学脳神経外科助教授として児玉の治療に携わっていた天野恵市医師から驚くべき証言を得たというのです。

それは、天野医師の上司で児玉の診断書を国会に提出した喜多村孝一教授が、喜多村教授の診断に疑義を抱いた国会医師団が児玉邸を訪れる直前、それに先んじて鎮静剤と筋弛緩剤とを自宅で病床に臥していた児玉に注射したというものです。天野医師は、雑誌に掲載された自身の手記の中でも、このときの経緯を詳細に述べています。天野医師の良心と勇気とに、ただただ敬義を見てせざるは勇なきなりと申しますが、天野医師の良心と勇気とに、ただただ敬服するばかりです。

この注射によって引き起こされる意識障害や昏睡状態は、重症脳梗塞による症状と酷似しているそうで、畢竟《ひっきょう》、数時間後に児玉邸に訪れた国会医師団は、児玉の証人喚問を断念するという致命的なまでに誤った判断を導き出しました。

誰が、何のために、喜多村教授にそのような違法行為をさせたのでしょうか。そしてさらに重大なこととして、喜多村教授はなぜ、国会医師団のスケジュールを知っていたかのような絶妙のタイミングで注射を打つことができたのでしょうか。憶測ではものは申せませんが、事実として、ロッキード事件以後、喜多村教授は中曽根氏の主治医となり、総理になった中曽根氏の外遊へも同行するほどの密接な間柄にあった人物です。この事実がじつに興味深く、示唆にとんだものであると感じるのは私だけでしょうか。

本書の第四章で記した、ロッキード裁判の第一審判決のさらに半年も前の時点での、オヤジの言葉があります。私は、その言葉をオヤジ本人の口から直接聞きました。東京・目白にあったオヤジの本宅の茶の間でのことです。

昭和五十八年（一九八三年）十二月十八日、「田中判決解散」とよばれた第一次中曽根内閣の衆議院解散を受けて執行された総選挙において、それまで国会の中でもマスコミに対しても田中擁護の論陣を張り続けた私は、落選の憂き目を見ました。

オヤジから顔を見せるよう再三再四かかってくる電話に重い腰を押されるようにして、ようやく上京したその年の暮れ、オヤジがふるまってくれた越後の郷土料理を食べながら二人だけで語り合った四方山《よもやま》話の中で、事件のこと、裁判のこと、中曽根氏や佐藤孝行氏ら「灰色高官」と呼ばれた議員のことなどを話題にした後、さらりと、しかし意味深長に、オヤジは私にこう言ったのです。

「Ｐ３Ｃのことは墓場まで持っていく」

あのときの私は、オヤジのその短い言葉のなかに、同期の中曽根氏に対する友情や「寡黙」という政治家の姿勢の王道を見出すとともに、事件の核心がP3Cにある以上、トライスター導入の請託にかかわるとされる贈収賄事件で有罪判決を受けることなどあり得ぬことをオヤジが信じて疑っていなかったことを、ひしひしと感じました。

一審の有罪判決がとうとう覆されることのないまま、無念のうちにオヤジは還らぬ人となってしまいましたが、オヤジが口を噤《つぐ》んだことを、本書の単行本を著した当時の私は、中曽根氏が存命であったこともあり、心ならずも、深く掘り下げて述べることをいたしませんでした。

であったからこそ、オヤジのあの言葉についても、旧知の高野君が秘書の早坂茂三氏を介して聞いたとの伝聞にとどめ、また、中曽根氏がホジソン駐日米国大使を通じて米国政府にロッキード事件の「もみ消し」を要請した際の彼の心境についても「同じ政治家として理解できなくもありません」などと記したのでした（本書第四章参照）。

しかしながら、この一文を書いたときの筆は重く、また、たいへんに忸怩《じくじ》たる思いがありました。

このたびの中曽根氏の逝去を受けて、往時を回想した高野君によれば、オヤジは高野君から献呈されたロッキード事件についての本を読み、「面白かった！」と早坂氏に話したそうです。そして、P3Cのことはどうかと問われ、目を瞑《つむ》って一拍おいてから、たった一言、あの言葉を口にしたのでした。あえてもう一度記します。

「P3Cのことは墓場まで持っていく」

オヤジはその後、九年近くに及ぶ闘病を経て、七十五歳の「若さ」で本当にそれを墓場まで持っていってしまいました。かたや中曽根大勲位は享年百一の大往生です。

検察には検察の正義がある、と言った人がいましたが、オヤジを死に追いやった「検察の正義」は、なぜ中曽根氏に対しては働かなかったのでしょうか。

「東大は東大を捕まえない」という言葉を昔からよく耳にします。オヤジと中曽根氏のたどったそれぞれの人生の軌跡に、天と地ほどの差のあることを考えると、そんな戯れ言を信じたくもなります。ですから私は、裸一貫で身を立て、愛する日本と日本国民のために世界と渡り合ったオヤジの代わりに、オヤジのために、口を開く覚悟を決めました。

オヤジの逮捕から四十年にあたる平成二十八年（二〇一六年）の夏に上梓《じょうし》した拙著が、このたび文庫として生まれ変わるにあたり、たまさかのこととは言え、その直前に中曽根氏が鬼籍に入られたことは、まさに奇縁としか言いようがありません。この際、オヤジの汚辱をほんのわずかでも雪《そそ》ぐことができればとの思いをもって、また、事実が誤ったまま、あるいは不完全なまま歴史として語りつがれることに我慢がならず、あえて巻頭で申し述べることとした次第です。

義を見てせざるは勇なきなり。真実は、ただ一つ。

令和元年(二〇一九年)十二月

著者

はじめに――あれから四十年

昭和五十一年(一九七六年)七月二十七日、元内閣総理大臣・田中角栄が逮捕されました。東京地検特捜部の松田昇検事らが早朝、東京・目白の田中私邸に赴いて同行を求め、地検で逮捕状を執行しました。罪名は外国為替及び外国貿易管理法違反、いわゆる外為法違反でした。

東京拘置所に向かう車の中で田中は、隣に座った松田検事と以下のようなやり取りを交わしたといいます。

「総理大臣経験者で逮捕されたのは何人目か」

「在職中の罪では初めてです」

「この日のことは忘れないでくれ」

「歴史に残るようなことですから、忘れることはありません」

（読売新聞、平成十八年七月二十日より）

このときから四十年の歳月が流れました。この事件は私、石井一にとっても一生忘れられない事件となりました。忘れられない胸の奥には怒り、後悔、悲しみなどさまざまな感情が幾重にも重なり合っています。最も大きいのは怒りです。理不尽な事件捜査、違法な手続きを行った裁判。私は衆議院議員当選以来、田中の側近の一人（当時、「青年将校」と呼ばれていました）として、それらを間近で見てきました。一審判決の前後には、真相に迫るために米国へ何度も渡りました。この怒りが、四十年たった今も私の心に激しく渦巻いています。この怒りが、本書を書く動機になっています。

ロッキード事件は、戦後最大の疑獄事件と言われました。元総理大臣が逮捕、起訴され、一審、二審とも有罪判決が下されました。田中は逮捕の一年七カ月前の昭和四十九年十二月に、「金脈」批判によって総理大臣を辞任していました。しかし、辞任後も金権批判は止まず、特に金権一掃、クリーン政治を掲げる三木武夫政権の意向もあって、マスコミ、世論を巻き込んで、田中批判は異常な高まりを見せていました。

昭和51年7月27日、ロッキード事件で逮捕され東京拘置所へ護送される「オヤジ」こと田中角栄元首相

そんな中の逮捕劇でした。

私は当初からこの事件に大きな疑問を持っていました。当時の政治は中選挙区制で、派閥政治であり、とにかく金がかかりました。それは田中に限ったことではなく、だからといって田中が多額の金を作り、そして使ったことを否定するものでもありません。日本の政治はそのようにして回り、実際、国民生活は敗戦から見事に立ち直りました。

しかし、そのこととこの事件とは、まったく別の次元で切り離して論じられるべきものでした。口利きの約束の有無、金銭のやり取りの有無、田中にそのような権限があったかどうかなどが、公平に、客観的に裁かれるべきでした。

「金権の田中だから、どうせロッキードからももらっている」という根拠のない思い込みが、マスコミにも、世論にも、そして悲しむべきことに裁判所にもありました。

さらに、さまざまな角度から調べていくと、事件の構図はロッキード社のトライスター機の全日空による導入にからんで、田中が商社の丸紅を通して五億円の賄賂《わいろ》をもらったなどという単純なものではないと思うに至りました。

田中自身は事件をどう見ていたのでしょうか。

控訴審から弁護団に加わり、昭和六十年（一九八五年）二月に田中が倒れる三日前、弁護団の中で最後に田中に会った石田省三郎弁護士が、砂防会館の田中の事務所で初めて面会した時、田中は、第一声でこう言ったそうです。

「これはキッシンジャーにやられた。アメリカでもいいから、どこでもいいから調べてきてくれ」

田中は自分に降りかかった事件の深層に当初から気づいていたと思われます。

私が控訴審から弁護団に加わるよう求めた米国のリチャード・ベン＝ベニステ弁護士は事件を次のように見立てました。

「チャーチ委員会に誤って極秘文書の入った段ボールが届けられたという話はおかしい。国務省かＣＩＡの一部を含む首謀者がチャーチと、誰を狙うかということまで打ち合わせていたはずだ。チャーチは元々ＣＩＡスタッフ、この事件は米国の国家機関が絡んでいるに違いない」

ベン＝ベニステはウォーターゲート事件では検事としてニクソン大統領を追いつめた人物です。その後、弁護士として活躍していたのですが、彼については第三章で詳しくお話ししたいと思います。

このような陰謀説を傍証する重要な証言は他にもあります。ホワイトハウス在住の韓国系ジャーナリスト、文明子（ジュリー・ムーン）は、私とは旧知の間柄でしたが、昭和五十一年（一九七六年）の事件発覚当時のこととしてこんなことを話してくれました。大統領専用機の中の非公式会見で、記者たちから田中は政治家として長らえるかと訊ねられたキッシンジャー国務長官は「田中程度なら、いつでも取り替えられる」と答え、文明子がさらに「ロッキード事件もあなたが起こしたんじゃないの？」と問うと、キッシンジャーは「オフコース」と答えたというのです（第四章参照）。

ロッキード事件は米国のある筋の確かな意図のもとに、日本政府、最高裁、そして東京地検特捜部が一体となって、推し進めてしまった壮大なる「冤罪事件」だとの疑念を、私は今も払拭することができません。おそらくその背後には、キッシンジャーとＣＩＡ、米国政府関係者がいたと思います。

田中が電撃的に成し遂げた日中国交回復、そして独自に進めようとした資源外交が、あくまでも日本を自らの隷属下に置こうとする米国の神経を逆なでし、大きな危機感を抱かせたことは間違いありません。

ロッキード事件の捜査とそれに続く裁判は、大きな問題点をいくつもはらんでいます。まず指摘されるのは、外為法違反で逮捕したということです。この法律はいわば形式犯罪、行政犯罪に対するもので、それをもって元総理大臣を逮捕するなど普通では考えられません。なぜ初めから収賄容疑で逮捕しなかったのか。別件逮捕でなくて何でしょう。

林修三元内閣法制局長官も「別件逮捕も別件逮捕。外為法という形式的な法律で逮捕するのは大きな問題だ」と指摘しています。また国会でも秦野章元法務大臣がこの法律で逮捕したことは大きな問題であると指摘しています。

そして最大の問題は「嘱託尋問調書」です。これは日本の裁判制度にはありません。米国でも裁判の証拠としてそのまま採用されることはないといいます。それを日本の裁判所は認めました。ロッキード社の幹部、アーチボルト・コーチャン副会長、ジョン・クラッター日本支社長などに贈賄側の罪を問わないという免責を与えて作成し、弁護側の反対尋問も許されなかった調書です。しかし、これが検察側の描く「事件」の基になっているのです。特捜のシナリオはこの調書に沿って作られたと考えられます。

もう一つの問題は地検特捜部の「検察官面前調書（検面調書）」の作り方です。特捜検察はあらかじめ事件のストーリーを作り上げ、その線に沿って検面調書を作ります。容疑者にそのストーリーを強要します。脅したりすかしたり、人権を無視したり、さまざまな手を使って追い込み、ストーリーに沿った供述をさせるのです。したがってロッキード裁判でもほとんど全員が、公判になって検面調書を否定しています。

実は私にもそのような事件に巻き込まれた経験があります。少し長いのですが、私の経験を詳しく話しておこうと思います。特捜検察の驕《おご》りと横暴という点において、明らかに私の経験とロッキード事件とは共通するものがあると思うからです。

平成二十一年（二〇〇九年）に起きた郵便不正事件。この世間を揺るがした事件を覚えている方も多いと思います。私はこの事件にいわれなく巻き込まれ、あたかも首謀者のように報道されました。連日マスコミが取材に押しかけ、週刊誌は事実無根のことばかりを書き立てました。

以前私の秘書をしていた倉澤邦夫が「凛の会」という障害者団体の会長をしており、この団体が障害者団体向けの郵便料金の割引制度を不正使用していたという事件でした。これに私が関与しているというのです。

大阪地検特捜部は、二十一年四月に倉澤らを逮捕、続く五月には厚生労働省の上村勉元係長を、さらに六月には厚生労働省の村木厚子・雇用均等児童家庭局長を逮捕しました。村木局長の逮捕容疑は、倉澤が証明書を取るために、私に厚生労働省への口利きを依頼し、当時課長であった村木が「大物政治家からの依頼なので」と、部下へ偽の証明書の発行を指示したという虚偽公文書発行容疑でした。

倉澤は、昭和五十七年（一九八二年）から一年ほど私の私設秘書をしていました。その後、弟の石井一二《いちじ》参議院議員（当時）の秘書を長く務めたので、私には弟の秘書という印象が強く残っていました。学習院大卒の真面目で物腰やわらかく、気の弱い、おとなしい人物でした。特捜部が狙うには格好の人物でした。

倉澤は身柄を拘束され、四十五日間の取り調べの末、特捜部の描いたストーリーの調書に署名し釈放されました。倉澤は地検特捜部の取り調べについて「最初から石井一議員と厚労省の関与に絞って聴取された。長期間の勾留で体調を崩し、調書にサインしてしまった。無実の罪というのは、こうして作られるのかと恐ろしさを感じまして、自らが描いたストーリーに沿って特捜部は他の関係者も身柄を拘束して取り調べ、自らが描いたストーリーに沿って自白に追い込み、調書を作りました。上村元係長は村木の指示で偽の証明書を発行したと供述し、調書に署名してしまいました。容疑を認めた者は起訴後に保釈、否認を続けた村木は保釈がなかなか認められず、百六十四日間の長きにわたり勾留されたのです。

裁判が始まると、村木の弁護人、弘中惇一郎氏から、私に証人として公判出廷するよう依頼がありました。当時、私は民主党の筆頭副代表兼選対委員長でした。国会のこと、党務のことも考えて悩みましたが、否認を続ける彼女の心情を考え、出廷する決心をしました。

私は村木とは裁判の当日まで会ったことはありませんでした。彼女は高知大学を卒業し、旧労働省に入省、多くの東大出身の官僚の中で努力し、局長にまでなった人物です。この事件が起こってからいろいろな人に彼女の評判を聞きましたが、悪く言う人は一人もいませんでした。人望厚く、まじめで芯の強い努力家、大変有能で、女性官僚の憧れの的だったようです。

特捜部はこの事件を「議員案件」と捉え、元秘書の倉澤から依頼を受けた私が、厚労省に口添えし、偽の証明書を発行させた、というストーリーを最初から作り上げていました。しかし、村木局長の部下であり、彼女からの指示で偽の証明書を発行したと供述していた上村元係長は公判になると、「全部自分一人で実行した。村木氏の指示があったとする供述調書はでっちあげだ」と証言しました。

また、私から電話で依頼されたと供述していた元部長も「石井先生から電話はもらっていない。この事件は壮大な虚構だ」と証言、上村の前任係長も「上村被告人の前任の私が指示を受けた事実はないから、おそらく村木被告人は冤罪ではないかと思う」と証言したのです。

さらには倉澤とは別の「凛の会」幹部も「石井議員のところへは依頼に行っていない」と証言するなど、取り調べの際の供述をことごとく覆す証言が相次ぎました。

平成二十二年（二〇一〇年）一月二十日、弘中弁護士が議員会館の私の事務所にやってきました。倉澤が私と事務所で会ったとされる平成十六年二月二十五日の私の行動を求められました。私は即座に神戸の秘書に電話を入れ、当日の手帳の写しをファクスさせました。私は過去四十数年間の国会議員生活を通じ、その日に起こったことすべて、会議、会食などの時刻、面会者などを克明に手帳に記録していました。

その手帳の記録によって、当日は千葉県成田市のグリッサンドゴルフクラブでプレーしていたことが分かりました。その日の国会は、予算委員会で年金に関する集中審議が行われていたため、他の委員会の審議はほぼすべてストップ。衆議院決算委員長であった私は、急に日程が空いたので、仲間の議員を誘ってゴルフに行っていたのです。

午後四時頃までゴルフ場にいて、その後、ある会合へ直行したので、事務所には帰っていません。その日に倉澤と事務所で会うことは不可能でした。

平成二十二年三月四日、私は弁護側の証人として出廷。私の行動を克明に記録した手帳があることを証言しました。この記録は、問題の平成十六年二月二十五日に倉澤が私の事務所を訪れ、証明書を発行するよう厚労省側への口利きを依頼した、とする検察側の描いたストーリーが虚偽であることを明白に物語っていました。

弘中弁護士は、その事実を突きつけました。検察側は、すでに公判前整理手続の段階を過ぎており、「証拠採用はできない」、「不意打ちだ」と言って抵抗しましたが、裁判長の判断で私の手帳の記録は証拠採用されました。

また、私が電話で証明書の発行を依頼したとされる元部長との面識も問われましたが、私自身会った記憶がありません。元部長も「石井先生とは、阪神淡路復興支援事業で、一度か二度ほどお会いしたことがある。電話では話したことがない」と証言しました。

長年議員をしていると多くの役所の方と会います。しかし、阪神淡路大震災の混乱の中、地元の代議士としてさまざまな震災復興支援事業に携わってきた中で、一度か二度会った程度では、記憶に残ることは滅多にありません。まして私は四十数年間の議員生活で一度も厚生労働委員会に属したことがありません。そんな私が厚労省の幹部に電話をして、不正な案件を依頼することなどあり得ない話なのです。

私はこの日の法廷で初めて村木と会いました。正真正銘の初対面でした。彼女の前で、私は事実をありのままに証言しました。そして閉廷間際に、裁判長に特に発言を求め、許されたので、こう述べました。

「今日私が申し上げたことはすべて真実であります。何ら心にとがめるものはございません。私はこの度の事件を体験して、何か政治的意図があるのではないかと、たいへん疑問を感じました。何の関係もない私がこういう形で容疑を被っているのは、きわめて理不尽、大迷惑です。この裁判の結果は公正なものだと信じておりますが、検察の倫理、存在を問うていると思います。この機会に検察は公正中立で善であり、そして公正無私であるとの面目を示していただきたい。最後に一言申し上げる次第です」

平成二十二年九月十日、大阪地裁は村木に無罪の判決を言い渡しました。倉澤も虚偽公文書作成に関しては無罪でした。

その後、この郵便不正事件は思わぬ展開を見せました。無罪の証拠たり得るフロッピーディスクの内容が、特捜部の描いたストーリーに沿うように改竄《かいざん》されていたのです。改竄したのは担当主任検事の前田恒彦、その上司の元特捜部長・大坪弘道と元特捜部副部長・佐賀元明も関与したとされ、三人の検事が逮捕されるという前代未聞の事件になったのです。検察は虚偽公文書では上訴権を放棄、同年九月二十一日、村木の無罪が確定しました。

当時、東京地検特捜部は東の小沢一郎の陸山会を調べていました。そこで大阪地検特捜部も西の石井一を検挙すべく、無実の村木を罪に陥れようとしたのです。しかし、彼女は何ものにも屈せず、一貫して無実を主張しました。公判では検面調書を覆す証言が相次ぎ、さらに私のアリバイが決定的証拠となって、検察の描いたストーリーは崩壊したのです。彼女はその後、昇進し、事務次官としてわが国の厚生労働行政を二年間主導し、平成二十七年に退官しました。

冤罪事件には、共通する構造があります。予断と偏見による事件の設定とストーリー作り、脅しや誘導による自白の強要、否認する被疑者の長期勾留、マスコミへの捜査情報リークを利用した世論操作、そして公判における検面調書の偏重……と枚挙にいとまがありません。」

弘中弁護士が「特捜検察の歴史的失敗」と呼び、私が故なく巻き込まれた郵便不正事件を改めて考えた時、それがロッキード事件の捜査と裁判に酷似していることに、私は気がついたのです。

事件の底流には何者かによる政治的意図が働いている。その意図に沿って検察が動く。世論は、検察の作ったストーリーと、それを無批判に報道するマスコミ情報を信じ込み、反論には聞く耳を持ちません。いったん作られた世論は、世論を煽《あお》ったマスコミをも巻き込んで、どんどん膨らんでいくのです。このようなときには、正当な疑問を呈しても、正論をはいても世論は動きません。逆にバッシングの声が大きくなるだけです。スケールは違いますが、二つの事件に共通することです。

もし、私の手帳がなかったら、村木や私がどうなっていたか、考えるだけでも恐ろしくなります。一貫して無罪を主張した田中角栄と、やはり無実の訴えを貫いた村木厚子。裁判の結果は全く逆になりましたが、私には二つの事件がダブって見えるのです。私は、かねがねそのことを検証し、私の思いを世に問うべきだとの思いを持ち続けてきました。

田中逮捕から四十年。今さらロッキード事件か、と思う方もいるかもしれません。しかし、何年経とうとも事実を事実として見つめ、問題点や反省点があれば、それを将来に生かすことが、郵便不正事件を体験し、ロッキード裁判を間近で見ていた私の政治家としての使命ではないかと考えるのです。

戦後、他に類例を見ないほど、ダイナミックで、庶民に愛された政治家、田中角栄の、心の叫びを伝えるのは、私の使命ではないかと思っています。

本書は、第三章、第四章の米国でのことのように、これまで一般には流布していないことが書かれてあるかと思います。三百冊に及ぶ私の手帳をすべて読み返して発掘した事柄もあり、読者諸兄には新鮮な発見とともにお読みいただけるものと思います。

これまでに作り上げられたストーリーを一度捨て、予断なく本書を読んでいただき、ロッキード事件の裁判で明らかにされなかった「真相」と、田中を事件に巻き込んだ陰謀の「深層」を考えていただく一助になれば幸いです。

平成二十八年（二〇一六年）七月

著　者

第一章

オヤジの側近として事件の渦中に

「頑張って上がってこい」と封筒を渡された

私が「オヤジ」こと田中角栄元総理大臣と出会ったのは、今からちょうど五十年前、昭和四十一年（一九六六年）の暮れのことでした。佐藤栄作政権発足から二年の頃です。この年、田中彰治衆院議員の逮捕など政界の不祥事があいつぎ、衆院が解散されました。いわゆる「黒い霧解散」ですが、私は翌四十二年一月の総選挙で、初めて兵庫一区（神戸市）から立候補することになりました。その応援に前の自民党幹事長だった田中が来てくれることが決まり、挨拶のために目白の田中邸を訪ねたのです。

当時の田中は四十代後半でした。「黒い霧事件」の責任をとり、党幹事長を辞め「無役」に近かったのですが、それまでに郵政大臣や大蔵大臣なども務め、若いながられっきとした佐藤派の大幹部、いや自民党の実力者の一人でした。このため目白邸の待合室は陳情などの人であふれていましたが、最初に呼びこみの声がかかりました。

私には甲南高校の先輩で、住友軽金属の総務課長、住友財閥関連各社の「政治部長」と言われていた政界通の西直彦という人が同行してくれていました。その西が田中に「石井君は……」と紹介しようとすると、田中は「くどくど説明は不要。橋本君からよく聞いている。いいタマのようだ。兵庫一区は難しい所だ。あそこで戦うにはよっぽど勇気と根性がいるんだ。しっかり頑張って上がってこい」と言ってくれました。

「橋本君」とはやはり佐藤派の大幹部で、私を政界に導いてくれた橋本登美三郎元官房長官のことです。

昭和42年1月の初めての選挙前に作成したポスター。当時まだ珍しかった

田中との会見はほんの四、五分でしたが、帰り際に握手を交わすと、背広の内ポケットからパッと封筒を出して私にくれました。

実は挨拶に行く前、兄貴分だった竹下登（後に総理大臣）からこんなことを言われていました。

「目白に行ったら、はっきりモノをしゃべれよ。あの迫力に負けたら何も言えなくなるからな」。さらに「たぶん金をくれるから、もらったらすぐに僕に報告しなさい」と。

すぐに田中邸の前にある電話ボックスに駆け込み、封筒の中を数えると三十万円が入っていました。指示通り竹下に報告すると「すごいな。君に対する期待は大きいぞ」と言ってくれました。当時の三十万円は現在の価値に換算すれば十倍くらいで、私にとっては大変なお金でした。

このときの選挙では落選しましたが、次の選挙までの約三年間「田中角栄政務秘書」という肩書をもらい、活動しました。といっても月に一度、神戸から東京に行き、田中事務所で佐藤昭《あき》（後に昭子）秘書から政治活動費として五十万円をもらうのです。さらに選挙となると、党の公認料に加えて田中個人から五百万とか一千万とかの金が届けられました。

田中角栄が「金権政治家」であるかと問われれば、間違いなく「金権」でしょう。しかし彼の場合、他人から取り上げた金ではなく、自分の商才で築いた蓄財を使ったというところが他の「金権政治家」とは違ったところだと思います。

もっと言えば、金の使い方がうまかった。昭和三十七年に大蔵大臣になったとき、見込みのある職員には、奥さんが病気と知れば、必ずお見舞いを、子供が大学に入ったと聞けば、お祝いをしました。日頃、身近に接する人の冠婚葬祭には可能な限り出席したといいます。彼の使う金には人情が伴っていたと言えるのではないでしょうか。

いずれにせよ私が出会った頃の田中は、まさにライオンが吼《ほ》えているような異様な雰囲気が漂い、近寄りがたく他を圧倒する迫力がありました。

私がオヤジと呼んで慕った田中角栄との長きにわたった付き合いはこのようにして始まりましたが、ここに至るまでの私の「政界への道」は決して楽なものではありませんでした。

スタンフォードで得た国際感覚と人脈

私は昭和九年（一九三四年）八月、神戸市の須磨区で生まれ、十歳で終戦を迎えました。当時の軍国少年の例にもれず、また父親が長く軍隊にいたこともあって、自分も職業軍人になって国のために死のうと思っていました。

ところが戦争で負けて軍隊がなくなり、その「夢」がつぶれ、一転して政治家となり国のために働こうと心に決めました。少しませていたかも知れませんが、この意志はその後も一貫して変わりませんでした。

昭和三十二年、神戸の甲南大学を卒業するとき、新聞社か地元の大企業に就職することも考えましたが、結局米国に留学することを決めました。これも政治家になるには関西の私学卒業では看板として弱い、米国の大学で修士資格を取って「箔《はく》」をつけようと思ったからです。

米国ではいろいろな仕事で学資をかせぎ、UCLAの語学コースを経て首尾よく米西海岸の名門、スタンフォード大学の大学院政治学科に入学しました。ここでは一生に一回くらい死に物狂いで勉強しようと決意しました。寝る間も惜しんで本を読み、週に何度もレポートを書き、一年三カ月でマスター・オブ・アーツ（修士号）の学位を取ることができました。

二年半の米国生活でしたが、この間に多くの知遇を得て、それが私の貴重な人脈となりました。英語力も国際感覚も身についたと思います。それらがのちにロッキード事件を調べる際に大きな力を発揮するとは、そのときは思いもしませんでした。

卒業直後の昭和三十五年（一九六〇年）一月には、カリフォルニア州スコーバレーで開かれた冬季五輪の日本選手団の総合マネージャーに採用されました。このとき、

昭和47年1月、米サンクレメンテでの日米首脳会談に同行し、ニクソン大統領と歓談する著者

選手村を訪れた当時のリチャード・ニクソン副大統領とも案内役を務めて知遇を得ました。

ニクソンとしては大統領選を控え、日系人の多い西海岸での事前運動だったのでしょう。しかし、そのときは、サンクレメンテでの佐藤総理との、ハワイでの田中との日米首脳会談に随行した私が、後に大統領になった彼と再会を果たすとは想像もしていませんでした。

昭和三十五年四月、帰国した私は羽田空港からその足で東京・吉祥寺の三木武夫邸を訪ねました。その秘書から政治家を目指そうと思ったのです。三木は自民党の幹事長や政調会長を務めた実力者でしたが、南カリフォルニア大学（ＵＳＣ）を出ていました。この人なら私がスタンフォード大学の修士号を持っていることを評価し、秘書として受け入れてくれるかもしれないと期待したからです。

けれどもちょうど日米安保条約改定への反対運動が盛り上がっていて、警備が固く、三木には会えず代わりに竹内潔という秘書が数日後に会ってくれました。後に三木総理大臣の首席秘書官を務め、参議院議員にもなった竹内はこう言いました。

「あなたのような経歴を持つ人は、政界で下足番や秘書のようなことはやらない方がいい。しばらく他の仕事について機会を待たれたらどうか。あるいは故郷へ帰って地方議会から始めた方がいいのではないか」

目が覚める思いでした。そこで別の人の紹介もあって五月、財団法人日本生産性本部（ＪＰＣ）に就職し、通算六年間勤めることになりました。

言うまでもなく三木は昭和五十一年、田中がロッキード事件で逮捕されたときの総理大臣で、その後も「クリーン政治」を掲げて田中批判を繰り返しました。このときもし私がすんなり三木の秘書となり、そのまま三木派の国会議員になっていたらと考えると、運命の不思議さを考えてしまいます。

ＪＰＣは日米両政府の共同プログラムとして、日本の経営者や技術者を米国に研修させる事業を行っていました。同時に私が入社したころには、日本の技術を東南アジア諸国にひろげるためにアジア生産性機構（ＡＰＯ）という国際機関を設立しようとしていました。

私は入社間もなくこのＡＰＯへの出向を命じられたのです。マニラで行われた設立総会をはじめ、アジアの都市を回り、各国の要人にＡＰＯへの参加を要請したり、先進国に招いて技術を身につけてもらったりという仕事をしました。このＡＰＯの活動の中で政界とのつながりを決定づける機会が生まれました。

「近くから離れず、総理を守れ」

昭和三十七年（一九六二年）十月、ジョン・Ｆ・ケネディ大統領によって創設された米国のボランティア計画「平和部隊」の国際会議がカリブ海のプエルトリコで開かれ、世界各国の政府や国際機関が招待されました。

日本からは当時の小坂善太郎外務大臣や自民党の竹下登青年局長が参加しましたが、ＡＰＯからも企画部長をしていた韓国の李観熙が代表として派遣されました。李観熙は本国では経済企画庁の局長をしていた人で、私とは心を許し合う親友でした。彼がプエルトリコで会った竹下に対し、私のことを「とても政治家に向いた青年だと思うので、ぜひ一度会ってほしい」と、売り込んでくれたのです。

帰国後まもなく竹下は李観熙をまじえ、赤坂の料亭で私と会食する機会を作り、さらに佐藤派幹部の橋本登美三郎にも引き合わせてくれたのです。

昭和三十九年二月二十日、東京・溜池にあった佐藤派の事務所で会った橋本からは「海外からの客が多いので、通訳など国際関係の仕事を手伝ってくれないか」と言われました。かくて私は自民党広報委員会参与となる一方、佐藤派・木曜クラブの議員会合への出席許可も得ました。毎週一回議員が集まって昼食会を開いていたのですが、政治家を目指している者も議員の後ろで陪席を許されていたのです。

この年の十一月には病気で退陣した池田勇人に代わって佐藤栄作が総理大臣となり、佐藤の信任が厚かった橋本は内閣官房長官に起用され、私は「内閣官房長官政務秘書」の肩書で永田町を動きまわることになりました。

橋本の前職は朝日新聞の東亜部長でしたが、橋本が妹のようにかわいがっていた若い美也夫人も朝日の女性記者で、後にNHKの人気アナウンサーとして活躍されました。二人とも親身になって接してくれました。佐藤にも会う機会を与えてくれましたし、この章の冒頭に書いたように、田中角栄との出会いを後押ししてくれたのも橋本でした。

昭和四十二年一月の総選挙で私が挑戦した兵庫一区は、田中のオヤジが言った通り

昭和47年7月5日、オヤジが自民党総裁に選出された瞬間。著者は隣にいた

「大変難しい」選挙区でした。日本でも最も革新色が強く、定数三のときはうち二人は社会党か野党系が当選、定数四になっても公明党が出てきて指定席となり、自民党は常に一人しか当選できませんでした。

ところが昭和四十年になって、社会党の元委員長だった河上丈太郎が死去、自民党の元神戸市長、中井一夫はすでに引退、また通産政務次官だった首藤新八が病気で倒れたりで、私にもチャンスが回ってきたのです。ただ、自民党系からは私だけでなく、産経新聞の論説委員などを務めた藤田義郎という人が名乗りを挙げてきました。後に田中内閣が金権批判などで倒れた後、後継者調整を任された自民党の椎名悦三郎副総裁が三木を指名したという、いわゆる「椎名裁定」の起案者と言われたマスコミ界の大物で、私には脅威でした。

しかし、いざ投票箱が開くとあちらは七千票余り、私は当選こそ逃したものの五万三千票近く取っていました。私のヤングパワーの魅力と地元での草の根の政治活動が奏功したこともあったと自負していますが、やはり自民党の、それも総裁派閥の公認候補だったことが大きかったと思います。事前の世論調査で藤田より私のデータの方が抜群によかった。それで間髪をいれずに自民党は私の方を公認しました。そこに橋本の強力なバックアップがあったことは事実です。

前述のように、私はこの選挙に落選したあと「田中角栄政務秘書」の肩書で、オヤジからさまざまな支援を得て選挙運動を続け、約三年後、次の昭和四十四年十二月の総選挙で初当選を果たしました。

一方オヤジは昭和四十七年七月、総裁選で福田赳夫らを破り、念願の首相の座に就きました。私はこのとき一年生議員で、むろん作戦会議などには加わっていません。ただ先輩から「近くから離れず、総理を守れ」と言われ、ボディーガードのようなことをしていた記憶があります。総裁選でオヤジと私が並んでいる写真が残っていますが、なつかしい一枚です。

「寝耳に水」だったオヤジの逮捕

私の衆議院議員二期目、昭和四十四年（一九六九年）暮れに政界入りを果たしてから六年七カ月後の昭和五十一年七月二十七日、ロッキード事件で田中角栄が東京地検特捜部によって逮捕されました。

田中派若手議員の私を含め、ほとんどの政界関係者やマスコミにとって「寝耳に水」の出来事でした。事件はこの年の二月から大きく報道されていました。しかし、まさか総理大臣経験者の田中角栄が逮捕されるなど、誰も想像できませんでした。特捜部の検事が早朝、逮捕のため田中邸を訪ねたとき、マスコミ関係者は誰も張り付いていなかったほどでした。

当時の三木武夫総理大臣と稲葉修法務大臣はもちろん知っていたと思います。おそらく検事総長や東京地検の検事正は三木か稲葉に指示されたか、あるいは自分たちで決断して二人に伝えたか、そのサークルで決めたというのが真相ではないでしょうか。

ここで改めて事件を振り返りますと、ロッキード事件とは、米ロッキード社が航空機売り込みのため、田中らに工作資金として賄賂を渡したとされる事件です。昭和五十一年二月、米国の上院多国籍企業小委員会（チャーチ委員会）から始まりました。

五億円が田中に渡ったとされ事件の核心とも言われた「丸紅ルート」のほか、日本航空の大型機導入を遅らせるために政界工作を行ったとされた「全日空ルート」、そしてロッキード社の秘密代理人、児玉誉士夫や田中と近いとされた政商、小佐野賢治・元国際興業社主を裁いた「児玉・小佐野ルート」。東京地検特捜部による捜査、そして東京地裁での裁判は、この三つのルートに分かれて行われました。本書では「丸紅」ルートについて述べていきます。

私はこの事件の推移を見ていましたが、田中派に身を置くという身びいきを差し引いても、事件と裁判には腑に落ちないことが多すぎると感じていました。自分なりにさまざまなことを調べ、考えました。第三章でお話しするように、そうした調査は米国にまで及ぶことになりました。

田中批判の矢おもてに立つ

昭和五十八年（一九八三年）一月二十六日、検察側は田中に対し懲役五年、追徴金五億円を求刑しました。新聞、テレビ、ラジオ、週刊誌などすべての日本のマスコミは十月十二日の判決まで、九カ月もの長きにわたって連日のように「総理大臣の犯罪」「有罪判決間違いなし」と騒ぎ立て、その線に沿って新聞は紙面を作り、テレビは番組を制作しました。

メディアには公平を期すために田中を擁護する役も必要です。もちろん、誰もそんな役はやりたがりません。轟々たる角栄批判の世論のなかで「反角」の学者や評論家に立ち向かうには、相当の覚悟がいります。しかも世論の九割が「有罪」と考えていたのですから、その嵐に抗し、反論するのは想像を絶する勇気が必要です。

しかし、私はあえてその役を買って出ました。というよりむしろ、買って出ざるを得なかったのです。当時、私は当選五回で、運輸政務次官や労働政務次官も務め、脂の乗った中堅議員として周囲からの耳目を集めつつありました。田中派には他にも有力な議員が大勢いましたが、「反角」世論の潮流が激しく、皆、表に立つことを躊躇しました。皆、事件には疎かったこともさることながら、あれだけ厳しい批判にさらされている田中を擁護すると自身の選挙に障るというわけです。それは私とて同様ですし、現に、その後、議席を失ってしまうのですが、結局、いつの間にか私だけがマスコミから指名されるようになりました。田中を擁護したいという思いだけでなく、事件と裁判への大きな疑問があり、それを指摘することは、一人の政治家として、果たさなければならない義務だと考え、私は独り、田中批判の矢おもてに立つことにしました。

私のところに取材が集中しました。しかし、番組に出演するたび、自分の信じるところを発言するたび、世論を逆なでする結果となり、私は叩かれました。その風圧は、想像以上で、さすがの私も相当に苦しみ、悩みました。

無論、やみくもに自分のオヤジをかばうつもりなど微塵もありませんでした。客観的事実や裁判手続きの瑕疵など、周辺の情報を私なりに検証して判断し、「これは冤罪だ」と心底、信じるに至ったからこそです。私は自分の信念に基づいた行動をしたまでのことでした。

田中逮捕から四十年以上、私は一貫してオヤジの無実を信じてきました。私が、自分自身をほめてやる部分があるとしたら、その気持ちが、落選中も含め現在に至るまで、とうとう一度も揺らがなかったことです。この時期、田中を批判した者、かばってやれなかった者に、今さら、わがオヤジを持ち上げる資格などない、という思いがあります。

昭和五十八年十月十二日、東京地裁が出した判決は懲役四年、追徴金五億円というものでした。罪名は受託収賄罪と外為法違反でした。

田中本人は、一審判決の出る寸前まで、無罪を信じきっていました。私たちにもそう言い切っていました。自身の心の中は一点の曇りもないようでした。

「にもかかわらず、この判決は何事か。絶対に間違っている。日本国内閣総理大臣の地位と尊厳に対する限りなき冒涜であり挑戦である。それならば自分にも覚悟がある。如何なる手段を使っても司法の暴走を許すわけにはいかない」

田中は判決のその瞬間から悲壮、壮絶な決意をもって立ち上がったのです。その田中のすさまじいまでの孤軍奮闘ぶりは第五章で詳しく述べることにします。

角栄擁護が響き、落選の憂き目に

田中の一審判決から二カ月、昭和五十八年（一九八三年）の暮れに衆議院が解散し、十二月十八日に総選挙が行われました。「田中判決選挙」と言われました。六選を目指していた私は、兵庫一区で健闘はしましたが落選してしまいました。田中派の議員は、選挙に強いと言われた橋本龍太郎、田村元、小沢一郎などが苦戦を強いられ、結果は、私を含め四名減となりました。

ところが当の田中本人は二十二万票もの票を得、二位に五倍近くの差をつけて圧勝しました。これにはびっくりしました。日本列島には「田中批判」論と「田中同情」論という二つの世論が混在していたと言えるでしょう。大都市では特に批判票が多く、私はそれをもろにかぶってしまったのです。

神戸の支持者からは「田中をかばう姿があまりにもマスコミで露出し過ぎた。圧倒的な世論に正面から逆行しては選挙に影響する」と苦言を呈されました。私はそれを否定しませんでしたが、最後まで信念を貫いて、結果として八万二千九百九十九票を獲得しながら不覚の落選となってしまいました。選挙では「誰のために負けた」というのはタブーです。「私の不徳、自己責任です」と言う以外に弁解はできません。

この敗北が私のその後の政治生活にとって大変な痛手だったことは事実です。当選した同期の多くの友人、奥田敬和、森喜朗、小此木彦三郎といった面々がその後発足した第二次中曽根内閣に入閣したのに対し、私は落選した「ただの人」。完全に遅れをとってしまったのです。目の前が真っ暗になって、しばらくは「誰にも会わない」と神戸から動きませんでした。まさに頭から布団をかぶって寝ていたいという心境でした。

そのような折、東京の田中事務所の佐藤昭から連日のように電話がかかり、「ピンちゃん、ちょっとオヤジの顔を見にきて。あんたを落としたこと気にしているから」と言われました。早坂秘書からも同じように言ってきました。気は重かったのですが、総選挙後の組閣も終わり永田町も落ち着いたので、他に誰もいないことを確認して十二月二十八日、選挙後はじめて上京し、目白に向かいました。

その時、田中は本当に温かく迎えてくれました。ふだんは人を入れない「本宅」と呼ばれる母屋の奥の間に昼食を用意してくれていて、新潟の郷土料理をご馳走になりました。「君を今回落としたのは本当に残念だ。いよいよ出番が来ているのに……」と、慰めの言葉をもらいましたが、その言葉も耳に入らぬほど、私の人生でどん底の失意の時でした。

「このペーパーは君一人で書いたのか」

食事の後、ある小冊子のことが話題になりました。それは、私が判決を十一日後に控えた昭和五十八年（一九八三年）十月一日にまとめた、手書きの冊子でした。「政治家として考える　ロッキード裁判に関する一考察」

私は、手書き原稿を十部だけコピーし、非公開資料として、ごく限られた人たちに渡しました。渡したのは田中角栄、二階堂進、橋本登美三郎、早坂茂三、佐藤昭と私の顧問弁護士である森智弘の六名のみです。三十年以上も前の文章ですが、今読んでもロッキード事件と裁判の問題点、疑問点を多角的に指摘していると思います（第七章に全文を掲載）。

娘の眞紀子によれば、田中は私の書いたこのペーパーをいつも枕元に置いていたそうです。「先生、あの小冊子には何が書いてあるの？」とその内容を彼女に尋ねられたことがありました。

田中は、要所々々にマークをつけ、傍線も引いていました。

「このペーパーは君一人で書いたのか。どうしてこんなことが分かるのか」

「この一年、この事件の核心に迫ろうと、多くの時間を費やしました。アメリカにも何度も飛びましたし、テレビ番組に出演して発言するなど、マスコミにも露出しました。私は、この事件は完全にでっち上げられたものだと思っています。ただそれを感情的に言っても仕方ありませんから、事実を並べて論理的に書いたのです」

「へーッ、そうだったのか」

田中の顔から笑みがこぼれました。

「時を経て、世間が冷静さを取り戻せば、いつか真実が明らかになる日が必ずくると思います。真実は一つしかないのですから」

そういう私の言葉に、田中は深く、深くうなずいていました。

このようなやり取りを田中と交わして目白の私邸を去るとき、私はなぜか、来たときとは一転してすっきり晴れ晴れとした気分になりました。重い腰をあげて目白を訪ねてよかった、この人のために頑張ってきてよかった、何の悔いもない、次はかなら

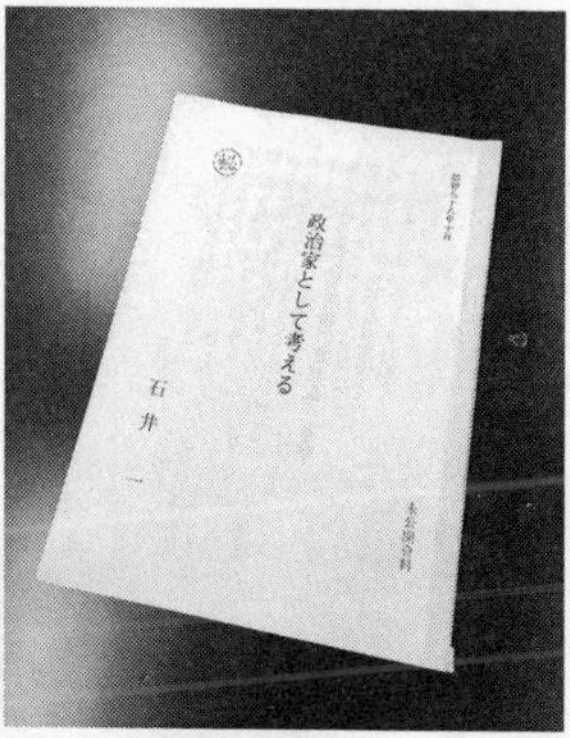

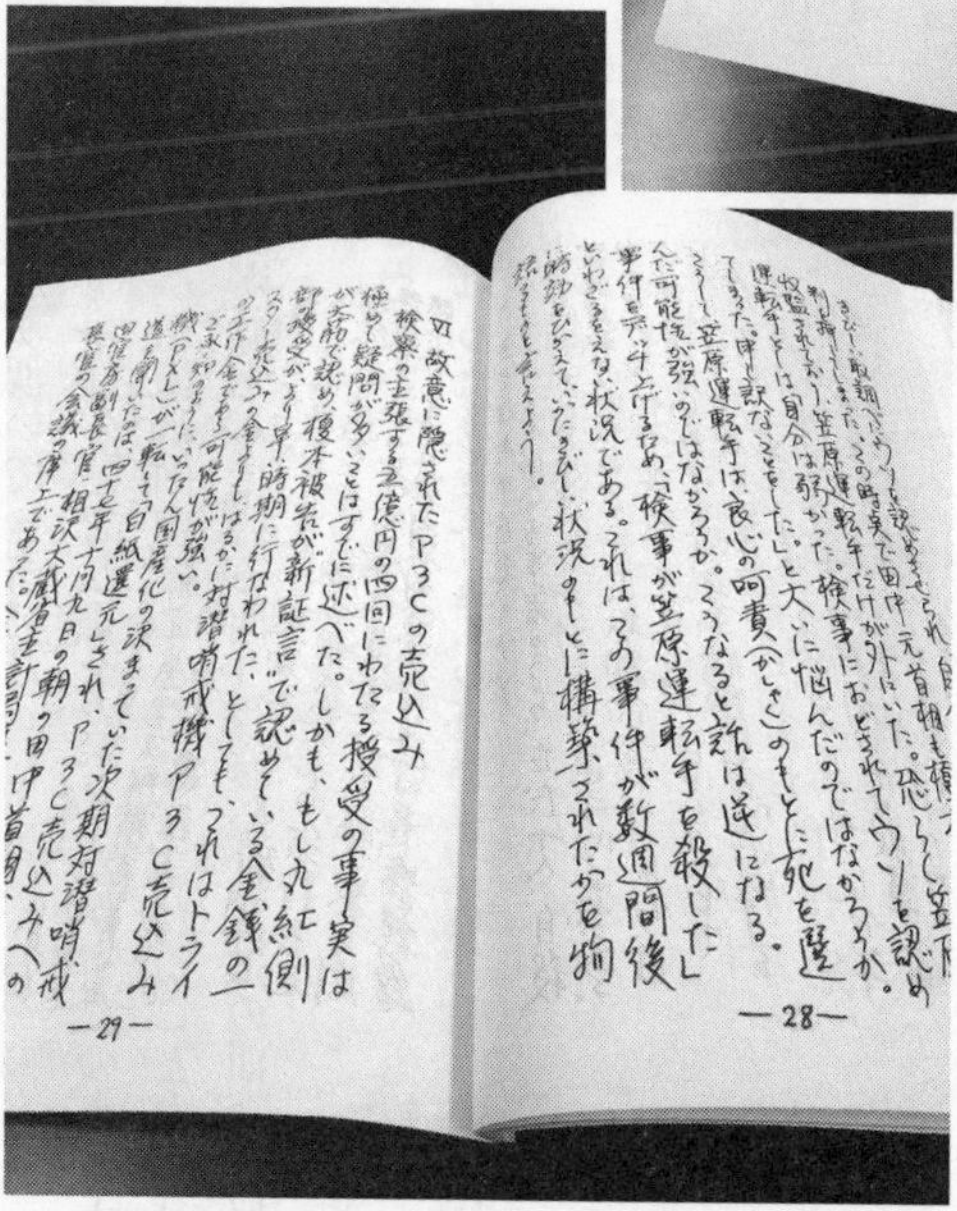

著者が昭和58年10月の一審判決直前にまとめた非公開資料の小冊子「政治家として考える」。表紙にはマル秘の判が押され（右上）、本文は53ページにわたり、すべて手書きだった

ず捲土重来《けんどちょうらい》を果たすんだ、という闘志が湧いてきました。

オヤジは、他の議員とはロッキード事件の話をしませんでしたが、この小冊子を読んで以後、しばしばこの事件のこと、主に米国内のことを私に訊ねることがありました。砂防会館の事務所でオヤジと私が話をしている間、佐藤昭は、誰の面会も取り次ぎません。

「ママ、オヤジとピンちゃん、いつも長いこと何の話をしてるんだい」

佐藤は他の議員連中からそう言われるたび返答に困ったそうです。事件に関していえば、田中弁護団を除き、私ひとりがオヤジの相談相手でした。

第二章

ロッキード裁判は間違っていた

諸悪の根源は「嘱託尋問調書」

ロッキード裁判は実際にどのように進み、何が語られ、それらは公正に裁かれたのでしょうか。明らかなことは、特捜検察の取り調べにも裁判にも、不当性や矛盾点ばかりが目立つことです。

最も問題があるのは、嘱託尋問調書です。この調書には、田中への五億円贈賄工作に関する丸紅側との共謀などが詳述されており、検察による田中の逮捕、起訴も、その後の裁判も、この調書が事件全体の構図を示す検察側の重要証拠となって進められました。

しかし、反対尋問も許されずに作られた、この嘱託尋問調書こそが、ロッキード事件の諸悪の根源だと、私は信じています。

調書が作られた経緯を少し振り返っておきます。昭和五十一年（一九七六年）二月の疑惑発覚後、贈賄側の共犯関係にあったロッキード社のコーチャン元副会長らが任意の事情聴取を拒んだため、検察から請求を受けた東京地裁は、米国裁判所にコーチャンらの証人尋問を嘱託しました。

この際、予想された証言拒否に対処するため、検事総長と東京地検検事正は「証言内容が日本の法律に触れても将来とも起訴を猶予する」との不起訴宣明（刑事免責）を出したのです。

さらに尋問開始後には、米国側の要求に応じ、検事総長があらためて不起訴を確約した上、最高裁も「不起訴確約は守られる」ことを確認する宣明書を出しました。これは、三木内閣の後ろ盾もあってのことか、東京地検の要請によるものでした。

これに対し、最高裁の藤林益三長官以下十五名の判事は、全員一致により、宣明書の提出を決めてしまったのです。このことは、その時も、どれだけの時を経た現在も、そして未来永劫、決して看過してはならない重大な悪事です。

話を平易にするために、野球になぞらえてみましょう。戦後政治の巨星、田中角栄を「巨人軍」、田中に尾を踏まれた米国を「猛虎軍」、最高裁を「審判」とするとき、試合の始まる前に「猛虎軍にアウトは取らない」という約束を審判が紙に書いて渡したとしたら、巨人軍はその試合に、いったいどう臨めばよいというのでしょうか。それは子供にも分かる自明の理、絶対にあってはならないことです。

これを難しく言えば、最高裁が三権分立の垣根を越えたことであり、それは憲法違反です。また、この嘱託尋問に反対尋問が与えられなかったことも違憲であり、そのような嘱託尋問調書を証拠採用したことも違憲です。最高裁のしたことは何もかもが、法治国家としてあり得ぬ愚行だったのです。

最高裁の出した宣明書の内容は、コーチャンら米国の証人に「将来にわたり我が国のいかなる検察官によっても遵守され、本件各証人らが、その証言及びその結果として入手されるあらゆる情報を理由として公訴を提起されることはない」ことを宣明したものでした。

このようなお墨付きがあってする証言では、証人らは都合の悪いことを秘匿しても、あるいは虚偽のことを証言しても罪に問われないわけで、そんな「免罪符」を捜査段階で最高裁が与えてしまうことは、まさに言語道断でした。裁判所の正義、中立性、公平性はどこへ行ってしまったのでしょうか。

後述のように、後になって最高裁はこの嘱託尋問調書の違法性を「自ら」認め、証拠能力を排除しました。であるならば、そもそもこの裁判は不成立であるべきでした。でたらめな野球の試合は、ノーゲームのはずであったのです。

しかし、田中は受託収賄と外為法違反で裁かれ、有罪判決を受けました。裁判が行われたという現実を今になって覆すことはできませんので、裁判が行われたことの是非はこの際、脇に置くとしても、ロッキード裁判は、その進められ方も、刑事訴訟法の理念をないがしろにした、はなはだ公平を欠くものでした。

外為法は、この場合は言ってみれば形式的な罪で、本質は受託収賄罪です。これが成立するかどうかが最大のポイントでした。裁判所は一審も二審も、それが成立するという判断を下したのですが、根拠となったのは嘱託尋問調書と検面調書でした。しかし、どちらの調書も絶対に証拠として用いてはいけなかったものです。なぜ私がそう思うのか。百九十一回にわたる公判で語られた被告人たちの証言の一部を紹介しながら、裁判の誤りと検察の取り調べの不当性を示したいと思います。

請託は影も形もなかった

受託収賄罪が成立するための要件としては、①請託があり、②金銭授受の日時、場所が確定され、③職務権限がある――の三点が挙げられます。ロッキード事件に関しては、これら三点のそれぞれについて、甚《はなは》だ疑問が多く、法廷で用いられた調書は検事の創作によるものとしか考えられないものです。実際の法廷では何が争われたかについて、そのいくつかの問題点を検証してみたいと思います。

まず、①の請託についてです。

田中に対する検察の起訴内容は、次のようなものでした。

――田中は、首相在任中の昭和四十七年（一九七二年）八月二十三日、目白の私邸において、丸紅社長の檜山廣《ひやまひろ》から、丸紅とロッキード社の利益のために全日空がロッキード社のトライスターL1011型機を選定購入するよう「総理のほうから、しかるべき閣僚に働きかけるなどして何分のご助力をお願いします」と請託を受けた。田中は「よっしゃ、よっしゃ」と答えて承諾し、成功報酬として現金五億円の供与を受ける約束を檜山との間でなした。

田中はそのころ、田中の秘書官の榎本敏夫に五億円の受領を指示し、四十八年八月十日から四十九年三月一日までの間、四回にわたって、英国大使館裏の路上などで、丸紅専務の伊藤宏から現金五億円を、榎本を使者として受領、もって総理大臣の職務に関して収賄した。――

この「請託」について問題なのは、ロッキード社の副会長コーチャンが田中に会ってもいず、したがって直接請託する機会がなかったことでした。

コーチャンは嘱託尋問調書の中では、「いったい誰に支払うのか」という問いに対しては言を左右にし、「田中」とは言っていません。反対尋問をすれば直ちに明らかになる重大な問題です。

また丸紅側も、檜山は「目白の田中邸を訪ねたことはあってもそれは単なる挨拶に赴いたのに過ぎない」と公判で証言しています。連日分刻みで来客の応対に追われていた当時の目白の様子を知っている人であれば、あのような騒然とした、しかも開放された場所で、そのような請託はできるはずのないことをよく理解できますし、あまつさえ、後日の

昭和56年2月16日、衆議院予算委員会のロッキード事件証人喚問で宣誓する小佐野賢治氏。著者（後方前列中央）も見守った

法廷で、檜山は「気違《ママ》いでもなければ現職の総理大臣に成功報酬の約束で、しかも閣僚に働きかけてなどと指図してものを頼むことなどあり得ない。自分は気違《ママ》いではないから、そういうことは言っていない」と、きっぱりと証言しています。

専務だった大久保利春被告人も同様に「当時の状況上、このような請託や約束があったことは常識として考えられなかった」と述べています。それにもかかわらず、そのような事実があったとする検面調書に基づき、裁判は推移し、檜山や大久保の法廷での発言は一顧だにされませんでした。どう考えても滅茶苦茶な話です。「気違い」という言葉まで使った檜山証言は、誰が聞いてもたいへん重いものだと思います。

第百八十三回公判で、田中もこのように述べています。

「檜山さんが突然訪問してきて、いやしくも現職の内閣総理大臣に対して『成功したら報酬を差し上げる』などと言ったとしたら、まったく言語道断であり、即座に退出を求めたはずです。政治家の第一歩は、いかなる名目であろうとも、外国会社、第三国人から献金を受けてはならないということであります」

また、「突然、出会いがしらにものを頼むなど常識的にはありません」。さらに、五億円の授受についても「まったくありません。事実上も職務上もございません」、「自民党の党則でも、総理に一切、政治献金を扱わせない」、「外国からの金は一万円でも問題。そんな金には関わりをもたず、というのが政党人の不文律です」とも述べています。

これらの憤りに満ちた法廷での数々の証言を、公正無私であるべき裁判官はどのように聞き、何を理解したのでしょうか。

密室で取られる「検面調書」の恐ろしさ

次に、ロッキード事件の捜査段階での「検察官面前調書（検面調書）」の取り方の異常さには、非常識を通り越して恐ろしさすら感じます。このような非人道的行為が日本の検察庁内で日常的に、当たり前のこととして行われているとすれば、特捜部の思い上がりのいかに甚だしいか、これを放置することは断じて許されないと思います。私は政治家としてよりも、一人の人間としてこれを糾弾しないわけにはいきません。

彼らを指して正義の番人と呼ぶことはできません。「犯罪者製造機」とでも呼ぶほうが当たっているかもしれません。丸紅の専務だった伊藤宏被告人の法廷での証言からも、その様子はつぶさにうかがい知ることができます。そのいくつかをここに引用します。

――「全く、生まれてこのかた、あんなに侮辱を受けたことはありません。申し上げるのも嫌なことでございます。私の座っている椅子を蹴飛ばされまして、私はひっくり返ったことがありました」

「『国賊』だとか、ときには『人非人』、『ゴキブリ』とか言われたり、『売国奴』、『冷血漢』とも言われました」

「一回に三十分か一時間くらい立たせて、おじぎをさせたり、『壁のほうを向いて立っておれ』と言われたり、(中略)とにかく非常にご本人が興奮して、そういう言葉を怒鳴るようにしておっしゃるわけですから、何と言いますか、ちょっと普通じゃ考えられないような状態でございました」

「『われわれの背後には国民があるんだ』と、国民に代わって君を……、君をなんて言葉じゃなく、そのときは『おまえ』と言っておられましたけれども、『おまえをやっつけるんだ』というような言い方をずっとしておられました。七月六日に弁護人との接見があり、以上のことを訴えましたら、弁護人は検察庁に抗議を申し入れ、その後罵詈雑言は止んだが、それで安心したというわけにはいきませんで、検事さんの言うとおり言わないと、またそういう目に遭うんじゃないかという不安はございました」

「これは私が非常にはっきり覚えておりますけれども、『もうこの件については下絵が全部できているんだ』と、『あなたのしたことを次から次へと色を塗っていけば出来上がるんだ』と、まあそういう筋書きがあるということを、比較的早い頃から何回も何回も私におっしゃっておりました。（中略）そして『これはもう檜山が大久保と伊藤の両方を使ってやったことなんだ』ということを、当初から決めつけるように私におっしゃっておりました」

検面調書は、検事と容疑者、すなわち強者と弱者との対面で作成されていきます。強者は絶対的な存在であり、弱者の主張はまるで聞き入れられることがありません。そのような、言わば、でたらめを書くこともできる調書が証拠として罷《まか》り通り、法廷での証言には聞く耳を貸さないとは、この裁判の在り方は、まったく間違っています。

でたらめな検事の「金銭の授受」の作文

次に、私は、四回にわたって行われたとされる金銭の授受は、実際には行われていないのではないかとの疑問を呈します。これに対する検察側の主張は無理筋で、調書に目を通しても三流の推理小説を読まされているような感じを覚えます。

実際の授受に関与したとされる当事者は、伊藤宏（丸紅専務）、松岡克浩（伊藤の運転手）、榎本敏夫（田中の秘書）、笠原正則（田中側の運転手）の四名ですが、笠原は検事の圧力に屈して調書に署名したその晩に自ら命を絶ち、あとの三名は全員、後の公判で、検事による異常な取り調べと誘導の様子を証言するとともに、検察調書に書かれた供述を翻し、これを否定する内容の証言をしています。以下にそのいくつかを例示しますが、すべて公判廷での実際の証言です。

丸紅・伊藤宏専務

「私が非常に印象に残っておりますのは、『我々は田中をやっつければいいんだ』と、『君たちは幕下みたいなもんだ』と、言葉として覚えておりますのは、非常に申し上げたくないんですけれども、何か『田中は拘置所の塀の上を歩いているような男だ』というようなことまで、私、聞いたことがあります」

丸紅・松岡克浩運転手

「自分は証拠湮滅《いんめつ》で逮捕されたが、取り調べではそれについての質問はなく、最初からいきなり検事さんから金銭授受について『おまえがやったのだ』と調べられました。それに関係したことがないので、記憶はまったくない。何か言わなければならないと思ったので、検事さんに『ヒントがあったら教えて下さい』と言っていたら、検事さんから伊藤専務の伝言だといってメモ書きを見せられました。それには『私（伊藤）は金銭授受を認めたが状況が思い出せなくて検事さんに協力できず困っているから、君が知っているなら話して、検事さんに協力しなさい』というようなことが書いてありました。それで上司の命令であるから協力しないといけないし、体調も悪いので検事さんに当時の状況を誘導してもらって、『そうです、そうです』ということで調書を作ってもらいました」

榎本敏夫秘書

（「そうすると八月三日（付調書）までは『知らない』で通したということですか」と問われ）

「はい。検事にだまされるまでは」

（問い「だまされたというと？」）

「新聞を見せられたんです」

（問い「いつ」）

「（七月）三十日だと思います。検事が部屋を出て、まもなく帰ってきて、私の前に立ちまして、新聞を二つ折りにいたしまして、新聞の真ん中から上が逆さまに見えるような状況でした。そこには大見出し（『田中、5億受領認める』という検察からのリークによる誤報記事）があって、私の目の前に見えるわけです」

当事者四名のうち、自殺した笠原を除く三名は、公判において金銭の授受はなかったと主張しています。詳細については割愛しますが、当事者が誰一人として受け渡しの場所を思い出せないということが本当に起こりうるのでしょうか。

金銭の授受がなかったとすれば、そもそも贈収賄事件を立件することなど、できないはずです。これらの調書を採用した判決は、「採証法則、経験則、論理法則に違反して事実誤認をしている」と、一審、二審を通じ田中弁護団の中心人物だった木村喜助弁護士も著書『田中角栄の真実』に記しています。

自殺した笠原の供述に対しても取調検事自身が誘導を認めていますし、一番肝心な、元総理のところに五億円が搬入されたという点については、笠原の供述書にも全く記載されていません。

そのような調書を、どうすれば受託収賄の罪を問うための証拠として採用することができるというのでしょうか。笠原は、常軌を逸した検察の取り調べの犠牲者だった、という私の判断は、三十年以上前の当時も、そして今も変わることはありません。

総理大臣に職務権限はない

職務権限に関してはその後、上告審の最高裁判決において「内閣総理大臣は、閣議で決定した方針がなくても、運輸大臣に一定の方向で処理するよう指示を与える権限を有する」との見解が示されました。

オヤジの逮捕直後の新聞各紙。「5億受領認める」「受領、大筋で認める」などと競って報じた

しかし、この判決については草場良八裁判長ら四名の裁判官が意見として「本件では運輸大臣には全日空の新機種選定に介入する権限はなく、田中総理にも運輸大臣を指揮監督する権限はなかった」とはっきり述べて

います。この点については、弁護人の主張が裁判でも認められたのです。請託がなく、金銭の授受がなく、職務権限もなかったはずのこの事件は、しかし法廷においては、でたらめな検面調書のみが是とされ、真実の声が裁判官に届くことはありませんでした。くれと言ったこともなければ、見たことも、受け取ったことも覚えのない金のために、田中は前内閣総理大臣という立場で起訴され、そして一審、二審とも有罪とされたのです。

このような冤罪が起こることは、毎日をふつうに暮らしている私たちの常識では、決して考えられないことです。世の司直や法曹はこれをどう捉えるのでしょうか。このようなことが、これからも日本の裁判で繰り返されてよいのでしょうか。「はじめに」で触れた郵便不正事件での私の体験をお読みいただいても、その怖さがよくお分かりいただけるはずです。

捜査段階から、公判でも終始一貫、起訴事実はまったくの虚構であるという田中の主張が揺らぐことはありませんでした。事件には一切関与していない、ということです。コーチャンとの面識もなければ、トライスターが飛行機の名前であることも、当初は知らなかったのです。まして、丸紅からの請託などありようはずもありません。

さしもの検察も他の被疑者とは異なり、元総理に対しては、無理矢理検事の筋書きの書かれた調書に署名を求めることはしませんでした。

田中は、日本の裁判制度と裁判官の良識を、最後の最後まで信じていました。法の番人は公正な眼力で、何が正しく何が真実なのかを判断するはずだ、真実は一つしかない、であればこそ、自分が有罪になるはずがないと完全無罪を信じきっていました。起訴されてから判決の瞬間まで、それを信じて疑わなかったことを、そばで私は実感していました。

それは検察に対しても同様でした。検察にも正義があり、また良識もあることを、元総理は信じていたのです。自分は天地神明に誓って清廉潔白だ。そして、そのことはきちんと主張して調書にもしたためられた。当人はそう思っていても、本人の調書ではなく、まわりの者たちの無理筋のストーリーを描いた検面調書に基づき裁判は進んでいきました。

「金と権力にまみれた汚職政治家」とマスコミは書き立てましたが、その論拠は一体どこにあったのでしょうか。裁判を信じ、検察も信じるというオヤジの心境を一言でも真摯に報道するようなメディアは残念ながら、ただの一社もありませんでした。

法廷で吐露された心の叫び

昭和五十二年（一九七七年）一月二十七日、以後百九十一回に及ぶ公判の冒頭、被告人陳述において、田中は起訴事実を全面否認しました。当時のマスコミは大きく取り上げませんでしたが、穏やかで平易な言葉を用い、面前の裁判官とすべての国民に願うような気持ちで丁寧に訴えた一言一句は、まさに田中角栄の心の叫びであったと思いますので、木村弁護士の著書『田中角栄　消された真実』から、その重要な部分を抜粋して以下に引用します。

――「この事件（五億円受領）について、私は何のかかわりもありません」

「ロッキード社から、いかなる名目にせよ、現金五億円を受領したことは絶対にありません。この点につき、私が当時総理秘書官であった榎本敏夫と共謀したという事実が無いのは勿論、榎本からそのような現金を受領したような旨の報告を受けた事実もありません」

「起訴状にあるように、丸紅の伊藤宏取締役らから、ロッキード社のためにする支払として私が現金を受領するなどということは、あり得べきことではありません。私がロッキード社から支払を受ける理由も必要もなく、何を根拠としてその

演説するオヤジ

ような起訴をされたのか、全く理解出来ません」

――「この事件（受託収賄）についても、私は何のかかわりもありません」

「このような犯罪の容疑を受けたことは全く心外でなりません」

「起訴状によると昭和四七年八月二三日ころ、目白台の私宅で、丸紅の檜山廣社長から、総理大臣として、丸紅およびロッキード社の利益のために、ロッキード社製のトライスターを全日空に購入せしめるよう尽力されたい旨の請託があり、これが実現した場合は、右請託の報酬として、現金五億円を供与することを約束したというのでありますが、私はそのような請託を受けたり、約束をしたことは絶対にありません」

「私も総理大臣に就任して一カ月程たったばかりでありました。そこへ突然来宅した檜山丸紅社長が、飛行機の売り込みに対する協力を要請し、成功したら、五億円差し上げますと、申し込むなどということは、常識的に考えられることではなく、檜山社長がそれ程強い心臓の方であるとは、とても考えられません。又、『わかったの角さん』などと一部マスコミに揶揄されたりする政治家の私でも、それ程軽率でもなく、藪から棒のように単刀直入に『五億円用意してありますからよろしく願います』などと申し込まれて、『わかった』などと即答したりする程単純でもありませんし、事実そのようなことは、全くなかったのであります」

――「私がこの事件について何等の関係もないことは以下列挙する事実関係からみても明らかであろうと思います」

「私が通産大臣当時、ロッキード社社長の表敬訪問を、一回だけ受けたことについての新聞記事などについて、当時の事務当局より承知しましたが、それ以外にロッキード社関係者に会ったこともなく、トライスターの売り込みについて、陳情を受けたことなど全くなく、内閣総理大臣としてアメリカを公式訪問の途中でもロッキード社関係者との接触は一切ありません。外国人との接触については内閣、または外務省に公式記録が存在しているので、ロッキード社関係者との接触の全然ないことは、検察当局が確認しておる筈であります」

「『二度帰宅してから、そっと裏門から会談の場所へ』などという『ミステリー』じみた生活は『たくましい想像の世界』にだけ存在するものであり、現実の内閣総理大臣の生活には存在しなかったし、またあり得ないことであることは、捜査の結果充分判明した筈であります。私人としてなんと誹謗されようと、指弾されようと、耐えることは出来ますが、いやしくも日本国の代表である内閣総理大臣という公的地位に対する尊厳は守られなければならないと思いますし、事実に対し国民の認識と理解を得たいものだと痛感している次第であります」

――「私はかつて国会を通し、国民の信託を受け、栄誉ある内閣総理大臣の重職に就きました。私は国会の信託に応え、国政の最高責任者として、日本国民のために、日本国家のために、その重責を果たすべく日夜苦心し、閣員と共に国の内外に亘り、施策の推進に全力を注いで参りました。私の総理大臣としての在任中の職務執行を顧みるとき、俯仰《ふぎよう》天地に愧《は》じるものは何一つありません。私はそのことに強い誇りを持っております」

「昭和五一年七月二七日の早朝、私は思いもかけず、外国為替及び外国貿易管理法違反という被疑事実で何の前ぶれもなく逮捕せられ、二〇日間余り拘禁せられて取り調べを受け、八月一六日、右法律違反に加え、受託収賄の容疑で起訴せられるに至りました。かりそめにも、前内閣総理大臣である現職の衆議院議員が、このような罪名で突然逮捕拘禁せられ、総理大臣在職中の犯罪なりとして起訴せられたことは、空前絶後の思いがするのです」

「それだけに、総理大臣の地位の何たるかを十二分にわきまえ、職務の執行に強い誇りを持っている私にとって、本件起訴はまことに痛恨の極みであり、無念至極であります」

「私の逮捕をきっかけとして、私は厳しい、そして激しい世の指弾を受け、思いもそめないような架空の事実まで流布せられ、それこそ完膚なきまでに痛めつけられ、何の弁解も成り立たず、許されもしないような情勢となって参りました。その激しく、執拗な私に対する非難攻撃に耐え抜くということは、死よりもつらい思いがしたのであります」

「私が拘禁中は勿論、保釈後自ら何をなすべきか、日夜思い悩み、懊悩《おうのう》と苦渋の中で、前総理大臣として最もふさわしい出処進退を明らかにすべく、いわれのない非難攻撃に耐えて参りました」

「起訴事実の有無にかかわらず、いやしくも総理大臣在職中の汚職の容疑で逮捕、拘禁せられ、しかも起訴に至ったということは、それだけで総理大臣の栄誉を汚し、日本国の名誉を損なったこととなり、万死に値するものと考えました。私もまた日本人の一人、密かに身を処する潔さに心惹かれ、一つの安らぎさえ覚えたこともありました」

――「このような意味において、国民に深くお詫びし、自ら政界から身を引くことによって総《すべ》てが落着し、それが日本国家のためになるのであれば潔くそうしたいと考えたこともありました。しかし、この事件は、それだけで済む問題ではなく、むしろ法の正当な手続によって真実を明らかにし、総理大臣であった私に違法な行為がなかったことを裁判所の法廷を通じて証明することによって、新憲法における内閣総理大臣の名誉と権威を守り通さなければならない。それが新憲法下における民主主義的治政の常道であるし、私の公人としての責任であることの確信を抱くに至りました」

「日本人的な潔さの美名にかくれた、安易な逃避への途を選ぶことは赦《ゆる》されないことを知って、私は轟々たる世の非難にも拘らず、先ず戦後三〇年の長きにわたって私を国会に選出してきた国民に信を問うべく、思い切って総選挙に立候補しました。世を挙げるような勢いで私を誹謗し、中傷する世評の中でも『真実は必ず現われる』ことを信じ、且つ冷厳な判断を求めて、祈るような気持ちでありました。

幸い私は、中選挙区制度発足以来、その例をみないとまで専門家が評価した程の大量得票で、即ち、多くの選挙民の支持を得て当選しました。しかしそれは、これからの出処進退を注目し、本件の裁判の動向に強い関心を示しつつも、裁判による事件の決着がつくまでは、決して慌てふためくまいとの、雪国の人たちの暖かい心尽くしと思えてならないのであります。それこそ、私に対する無言の激励と期待であると深く肝に銘じているのであります。

それだけに私は、この当選に心おごる気持ちなどは毛頭なく、一日も早く身の潔白を証明することによって、日本国及び日本国民に及ぼした不名誉を償い、国民の期待に応えなければならないものと深く心に期しております」

――「いやしくも国民の信託を受け、国政の最高責任者として日本国を代表する栄誉ある内閣総理大臣の地位にあった者が、事実の有無はともかく、外国商社から数億の金を受取ったとの、検察当局の疑を受けて起訴されるまでに至ったこと自体、これに勝る不名誉はなく、栄職を汚したとの誹《そし》りを免れることの出来ないことは、十分承知しております。しかもこの事件を中心に国政に混乱を生じ、国民生活に多大の支障を来たし、国民の皆様に想像するに絶するご迷惑をおかけする結果を生じたことは、直接、間接の原因がどうであれ、私の不徳に起因するもので、その責任を痛感し、深く頭をたれるものであります。私は、このような意味と心境において、深く国民にお詫びいたします」
「従って私は、この事件について、多くの国民からどのような指弾を受け、どのような非難、中傷を浴びせかけられようとも、法律的に問題を止めるものはともかく、裁判により決着のつくまでは、関係者の自省と良識に待つ以外に途はなく、総てに耐え抜きたいとの心境にあります」

ロッキード裁判における被告人・田中角栄の冒頭陳述の文言は、一部の専門家を除いて、当時、大半の国民は知らなかったのではないかと思います。この陳述は、まさに田中角栄の偽らざる心情の吐露でした。そこで元総理は、罪科に手をそめたと疑われたことではなく、それにより内閣総理大臣の名誉と尊厳に傷をつけてしまったことを国民に深く詫びています。

同時に、司法あるいは検察の自省と良心というものを信じ、またそれが自分にふりかかった疑いをいずれ晴らしてくれることに期待を寄せていました。しかし、その後の裁判は、その思いを踏みにじるかのように公判の回数を重ねていったのです。

冒頭陳述より三千日を経た、第一八三回公判において、裁判長が「第一回(公判)の陳述につけ加えることはありますか」と質問したのに対し、「まったくありません」と初公判同様、田中はきっぱりと起訴事実を全面否認したのです。

嘱託尋問調書をめぐる最高裁の迷走

田中の心情はどこにも届きませんでした。嘱託尋問調書がいかに不当なものであるかについてはこれまでも述べてきましたが、この証言を基にロッキード裁判が行われたことで、二重、三重の誤りが生まれてしまいました。その結果、一審、二審とも裁判所が有罪の判決を下したことは、周知の通りです。最高裁判所が、捜査段階で、コーチャンらの証言に免責を与える旨の宣明書を出すという、重大な憲法違反を犯したことは、やはり絶対に看過できません。わが国の裁判史上、最悪の汚点と言わざるを得ません。

その田中は、最高裁で上告審が行われていたさなか、その波乱に満ちた生涯を閉じてしまいました。平成五年（一九九三年）十二月十六日のことでした。最高裁は被告人の死去によって公訴棄却を決定し、これをもって田中の裁判は終わったのです。公訴棄却とは、本人の死亡により検察官の起訴（公訴）を無効にするということであり、この時点で田中の有罪判決はなくなりました。

それから一年あまり後の平成七年（一九九五年）二月二十二日、最高裁は最終判決を下し、榎本、檜山両被告人に上告棄却を言い渡しました。両被告人を有罪とした一審、二審の判決を認める上告棄却は、私には納得ができませんでしたが、いずれにしても戦後の一大疑獄事件と言われたロッキード事件の裁判のすべてがこれで幕を閉じたのです。

この最高裁の最終判決では特筆すべき重大な判断が示されていました。最高裁が嘱託尋問調書を違法収集証拠とみなし、証拠採用から排除したのです。田中弁護団は常々、刑事免責を与えて得たコーチャンらの嘱託尋問調書は違法収集証拠であり、かつ反対尋問権を行使させていないので、この調書を有罪の証拠としてはならないと繰り返し主張していました。最終判決でようやくその主張が認められることになったのです。

草場裁判長以下十二名の裁判官により、最高裁判所大法廷で宣告された判決は、次のようなものでした。

「我が国の刑訴法は、刑事免責の制度を採用しておらず、刑事免責を付与して獲得された供述を事実認定の証拠とすることを許容していないものと解すべきである以上、本件嘱託証人尋問調書については、その証拠能力を否定すべきものと解するのが相当である。（後略）」

また、大野正男裁判官は、補足意見として、こう述べています。

「本件嘱託証人尋問調書を事実認定の証拠とすることについては、被告人の反対尋問権及び対審権の保障という面から、問題があるといわざるを得ない。（中略）このように、当初から我が国の法廷における被告人、弁護人の審問の機会を一切否定する結果となることが予測されていたにもかかわらず、その嘱託証人尋問手続によって得られた供述を我が国の裁判所が証拠として事実認定の用に供することは、伝聞証拠禁止の例外規定である刑訴法三二一条一項各号に該当するか否か以前の問題であり、公共の福祉の維持と個人の基本的人権の保障とを全うしつつ事案の真相を明らかにすべきことを定めている刑訴法一条の精神に反するものといわなければならない」

「毒樹の果実」という法理

最高裁が、最後の最後になって自らの裁判手続きの非を認める判断を下したことについて、私は高く評価したいと思います。しかし、この嘱託尋問調書に基づき地裁、高裁は公判を重ね、一審、二審とも田中らに有罪の判決を下したのです。繰り返しになりますが、肝心の嘱託尋問調書の証拠採用が誤りであるのならば、この裁判そのものを無効だとするのが、誰が考えても至極当たり前のことではないでしょうか。

百歩譲って裁判が成立するとしても、採用することのできない証拠に基づく有罪判決などあり得ません。刑事裁判の分野には、「毒樹の果実」という考え方があるそうで、証拠でないものに基づいて進められた取り調べで取られた調書は、毒の木になった果実のごとく、すべて汚染されているから、証拠としては排除されなければならないはずでした。

それでは裁判所はどのような判断をすべきだったかといえば、下級審に差し戻した上で無罪とするのが常識的な考え方であると私は信じています。ロッキード裁判において、正義の審判者であるべき日本の司法制度が正義を全うしたとは、私には到底思えません。最高裁は明らかに迷走し、判断を誤ったのです。

裁判の決着をみることなく自らの肉体を酷使して黄泉の世界に旅立ったオヤジは、ある日突然この事件がその身にふりかかったその瞬間から病に倒れるまでの九年間、徹頭徹尾潔白を訴え続けました。その後、言語機能を失い、肉声で無実を訴えることはできなくなりましたが、その思いは亡くなるまで変わることがなかったと思います。

しかし、最高裁の迷走を許した日本の司法制度の前では無実を手にして目を閉じることは、できませんでした。これはまさしく悲劇であり、理不尽と言わずしてほかになんというのでしょうか。

裁判の初期段階で、公正中立でありわが国司法の最高権威であるべき最高裁は、三権分立の垣根を乗り越え、刑事免責の宣明をしてまで米国に嘱託尋問を要請してしまいました。当時の最高裁は、政権の意向あるいは沸き立つ世論に負けて、取り返しのつかぬ大きな誤りを犯したと言っても過言ではないと思います。

この誤りさえなければ、この裁判の行方も田中角栄のその後の人生も大きく変わっていたと思います。オヤジをそばで見ていた私は残念でなりません。ロッキード裁判は間違っていたのです。何度同じことを申し上げても言い足りません。

刑事訴訟法の精神を無視する風潮

本書を著すに際して、平成二十八年（二〇一六年）春にお会いした石田省三郎弁護士の話を紹介しておきます。石田弁護士は控訴審から田中弁護団に加わった方ですが、刑事訴訟法に関する興味深い話をしてくださいました。裁判所が犯した罪の一つだと思います。

石田弁護士が砂防会館で初めて田中と会ったとき、刑事訴訟法の精神と裁判の実相との乖離について、田中は、こう言ったそうです。

「俺が作った刑事訴訟法で、なんで俺が有罪にならなくちゃいけないんだ」

この発言は説明しないと理解できません。石田弁護士が私にしてくれた話をそのまま借りて説明しましょう。

――新しい刑事訴訟法が制定され、これから施行されようとした時分（昭和二十三年ごろ）、田中先生は法務政務次官を務めていました。そのときに、まだ若かった東京大学名誉教授で最高裁判事も務めた團藤重光先生が、新しい刑事訴訟法の制定に尽力されました。團藤先生はすでに刑事訴訟法の権威でした。

その新しい刑事訴訟法の中に第三二一条第一項というのがあります。これは簡単に言うと、検察官調書を証拠採用するのは、公判証言より検察官の取り調べでの供述を「信用すべき特別の情況の存するときに限る」とされていて、よほどのことがない限り証拠能力が認められないというものです。そのように条文にはきちんと書いてあるわけです。この条文について團藤先生から「これからの新しい刑事訴訟法ではそういう検察官調書などは、証拠としてあまり使われなくなるんだ」という説明を受けたとおっしゃいました。

ところが、結局、いろいろな検察官調書が、この「信用すべき特別の情況」が認められて証拠採用され、田中先生は一審で有罪になってしまいました。有罪の判決を見れば分かるように、例の五億円の四回の授受なんて、とてもあり得ないようなことを、榎本さんをはじめとしていろいろな人が言っているのです。

「俺が作った刑事訴訟法で、なんで俺が有罪にならなくちゃいけないんだ」と田中先生は言いました。

「伝聞証拠は原則、証拠として採用できない制度になったと團藤先生から説明されたのに、実際には原則と例外が逆転してしまっている。どうなっているのですか。これをなんとかしなくちゃいかんのです」というようなことを、田中先生はおっしゃいました。それをいまだに覚えています。田中先生は新しい刑訴法成立のとき法務政務次官でしたから、その経過をよくご存知なんですね。戦前の刑事訴訟法をガラッと変えたわけですから。しかしそれが実行されなくなっているというわけです。

結局、笠原さんの調書などにしても、あるいは榎本さんなどの調書にしても、検察官の誘導や強迫ですよね。そういうことを訴えたのにもかかわらず、裁判官は検事調書のみを鵜呑みにしました。これは明らかに裁判所のミスだと思います。ロッキード事件だけに限らず、刑事訴訟法改正の精神はまるで活かされていません。いわゆる冤罪事件と言われているケースというのはみんなそうです。自白事件です。その状況を田中先生はよくご存知だったわけですから、表現としては「自分が作った法律で、なんで有罪になるんだ」と、こういう言い方をされたんだと思います。

石田弁護士の話を聞いて、法治国家でありながら、ロッキード裁判がいかに法律軽視の間違ったものであったのか、よく分かった思いがしました。結局、何回も言うようですが、「田中有罪は当然」「無罪などあり得ない」という日本全体の空気に、裁判所が押し切られたということでしょう。仮に無罪判決が出ていたら、今度は裁判所が徹底的に叩かれたでしょう。考えてみれば、これはたいへんに恐ろしいことです。

法曹の権威たちはこう語った

あのとき、まるで釈然としなかった気持ちは、今でも私の胸につかえたままでいます。足かけ七年、百九十一回に及ぶ公判を振り返り、私たちのようなふつうの人間が考えると腑に落ちない問題点のあまりに多いことに失望し、日本の裁判はこれでいいのかと、つくづく考えさせられました。

檜山も伊藤も、世界中で事業を展開する日本の超一流企業の経営者でした。そのような要人に対して、被疑者であるとはいえ、取調室での検事は、彼らに対してあまりにも礼節を欠きました。その思い上がった態度は、とてもひどいものでした。特捜の甚だしい特権意識がそうさせたのではないでしょうか。そのようなことは、扉一枚隔てた取調室の外では絶対に通用しない「非常識」です。そんな地獄のような世界で自白を強いられ、検事の書いた調書に署名させられた檜山や伊藤や、否、この事件に限らず、数多くの弱い立場の被疑者の心情を思うと、本当に胸が痛みます。

また、さらに理解に苦しむのは、検事の傲慢さ、傍若無人ぶり、拷問のような取り調べの様子が、公判で各証人から切々と述べられたのにもかかわらず、それらの心の叫びには耳を貸さず、でたらめな検面調書のみを信用して、誤った判決を下した裁判官と、そのような愚行を許す日本の裁判制度の「存在悪」です。被告人の流す涙の真偽も見きわめられず、司法の正義と良心を信じて語られる被告人の証言が胸に響かないのだとしたら、出来の良いロボットにでも席を譲ったほうが良いのではないでしょうか。これは真面目な話です。日本の法律を熟知し、マスコミや世論などの風説には流されない、そのロボット裁判官がどんな判決を出すのか聞いてみたいところです。

裁判は、人が人を裁くからこそ、公平性と慎重さが何よりも重んじられるべきではないか。なぜ取調調書のみが重用され、法廷での証言は一顧だにされなかったのか。そもそも刑事訴訟法の精神をわきまえないロッキード裁判は、裁判として成立しないのではないか。仮に裁判は成立していたとしても、贈った側と受け取った側がいて成り立つはずの贈収賄事件で、贈賄側とされるコーチャンに免責を与えておいて田中の受託収賄罪など問えるはずはないのではないか。それならば田中は無罪とされるべきではなかったか、等々、考えに考えても私には答えが見つかりません。

裁判所はどこよりも法律を守るところ、裁判官は誰よりも法律に詳しいはずなのに、憲法の理念も、刑事訴訟法の精神も、なぜ、守られないのか、私には分かりません。

そこで、私は、知遇を得て親しくしている法曹の権威に直接訊ね、あるいは、直接お話を伺っていない方についてはその著作やインタビューをひもとき、「日本の裁判はこれで良いのか」という私の疑問に答えてもらいました。そして次のような見解に代表される、日本の裁判制度に対する批判や疑問に触れることができました。以下にその要旨をご紹介します。

秦野章元参議院議員（第一次中曽根内閣で法務大臣、元警視総監）

「特定の条文や条項の解釈が世の中の変化に従って変化することはありうる。その変化に裁判も対応するのは当たり前だろう。だが、特定の事件について、世論が、『よい』とか『悪い』と言っているのをいちいち考慮していては、法律もなにもあったものではない。これは裁判の堕落だ。裁判に人民裁判的要素が加わることになって、法治国家としての本筋から外れてしまう。第二次大戦のファッショが敗戦まで続いたように、ロッキードファッショも司法の自殺まで招くおそれがあるかも知れない。ロッキード事件は現代政治の生んだ『壮大なゼロ』と言ってよい」

（著者が直接面談。要旨は著書『何が権力か。』より）

中坊公平弁護士
（元日弁連会長）
「裁判はセレモニーであって、検察官が調べたことを確認する手続きに過ぎないということは、日本の司法制度が持つ根本的な問題です。そもそも、なぜ司法を、立法、行政から独立させてあるかといえば、民主社会というものが多数派の熱狂に流されて暴走しがちだからです。そのとき、少数であっても冷静に道理をまっとうするというのが、司法の役割なんです。だから、判決が時の勢いで変わってしまうというのは、役割を放棄していることになります」
（『諸君！』二〇〇一年八月号「田中角栄は『無罪』だった！」総括編より）

木村喜助弁護士
（田中弁護団の中心人物）
「検察官が冒頭陳述や論告において主張した『総理の犯罪』の筋書きは、密室で無理に作られた検事調書を中心とした不自然極まりないものであった。裁判所はそのような検察の主張を鵜呑みにした。刑事裁判の基本となるべき、主尋問、反対尋問を十分に行った公判証言が軽んぜられ、検事調書が不当に重視された。特に重要な証拠である嘱託尋問調書に関しては、法廷手続の保障（憲法第三十一条）、被告人の反対尋問権の保障（憲法第三十七条）等において裁判所が慎重な配慮をしたとは到底言えない。田中元総理は無罪であった。田中元総理が有罪となるような公正かつ厳然たる証拠はなかった。私は今なおそのように確信している」

（著書『田中角栄　消された真実』より）

稲見友之弁護士
（田中弁護団の事務局長）

「田中先生は自信をもっていました。迫力もあったたし、絶対的な自信をもっていました。四回の授受はないんだからと、自信もちなさいと私たちに言って、私たちはそれを信じてやっていました。日本の制度にはない嘱託尋問調書は絶対に無効です。司法取引をして、向こうは罰しないということを日本の検察が約束し、裁判所までお墨付きを出しました。こんなのは絶対に無効になると思っていました。どう考えたってそんなもの、日本の制度にないんですから。

世論です。巨悪をやっつけなければという世論に最高裁が負けたんです。そんなものを出すことはあり得ないし、そんなもの私、無効だと思っています。今でもそう思っています。一審も、高裁も、その司法取引は有効だってやったんです。そんな馬鹿なことはあり得ない、と思います。で、最高裁は最終的に、嘱託尋問調書は憲法に違反しているということで証拠の力はありませんと、やりました。やりましたが、嘱託尋問調書が証拠でなくても他の証拠で有罪を立証できるからいいんだと、簡単に言えばこういう結論を出しました。でも他の証拠はみんな嘱託尋問調書に基づいて作られている証拠、これがあってはじめてできている証拠なんですよ。こんなインチキな話はないんです」

（著者との面談より）

石田省三郎弁護士

（二審より田中弁護団・東電ＯＬ殺害事件など冤罪事件を多数弁護）

「ロッキード事件だけに限らず、刑事訴訟法の精神はまるで活かされていませんでした。いわゆる冤罪事件と言われているケースというのはみんなそうです。田中先生が有罪になったのは、日本の特捜検察の面子にかけて手がけた事件を無罪にすることができなかったからです。あれを無罪にしたらたいへんなことになったでしょう。裁判所もそれに同調したということですよ。こういう事件になりますとね、こちらの言うことをまともに受け取ってくれないんですよ。日本の裁判の制度というのは、本当におかしいんです。ロッキード事件に限らず、自白調書のみを証拠に死刑になった人もいるわけです」（著者との面談より）

田中逮捕から四十年以上、前総理が逮捕されるという一大スキャンダルとなったロッキード事件以降も、冤罪事件は起きています。冤罪と認識されていない事件すら少なからずあるのではないでしょうか。半世紀近くの時を経てなお変わらぬ現在の特捜検察の体質に、激しく警鐘を鳴らしている方々からも、貴重なコメントを頂戴しました。

弘中惇一郎弁護士（薬害エイズ、ロス疑惑、郵便不正事件での無罪請負人）

「冤罪事件には共通する構造がある。予断と偏見からなる事件の設定とストーリー作り、脅しや誘導による自白の強要、否認する被告人の長期勾留、裁判所の供述調書の偏重。社会的関心を集める事件では、これにマスコミへの捜査情報リークを利用した世論操作が加わる。日本の検察が誇る刑事裁判の有罪率九九・

九％という数字は、こうした事情を抜きには考えられない。先進国の中でも異様なまでに高いこの有罪率にはいくつかの要因があるが、問題なのは罪を犯してはおらず、本来であれば無罪となるべき事件が、かなりの数、有罪になっているということだ」

（著者が直接面談。要旨は著書『無罪請負人』より）

郷原信郎《ごうはらのぶお》弁護士

（元東京高等検察庁検事・企業法務、コンプライアンスの第一人者）

「今、検察が危ない。無条件に『正義』だと信じられてきた検察は、暴走と劣化を繰り返し、日本の社会にとって非常に危険な存在となっている。一方で、社会の中で本来の役割を果せていないということは、検察という組織自体にとって深刻な問題である。その意味でも、検察が危ない」

（著者が直接面談。要旨は著書『検察が危ない』より）

指揮権発動の持つ意味

言うまでもなく、三権分立で立法、司法、行政は独立していますが、法務大臣は、検事総長に対する指揮権を有しています。また、法務大臣を含めた閣僚の任免権限を有していることにより、内閣総理大臣も、間接的に検事総長への指揮権に影響力をもちます。その行使については最大限の慎重な配慮が期されるべきことは、あらためて申し述べるまでもありませんが、ロッキード事件の田中元総理の逮捕、起訴にあたっては、指揮権発動というカードを切るという選択肢もあったのではないでしょうか。いわゆる椎名裁定により誕生した三木内閣は金権政治の追放をスローガンとし、マスコミも世論もそれに追従した異様な雰囲気のなかに突如、米国からロッキードのスキャンダルが舞い込んできました。検察も裁判所も当時の風潮に抗することなく、田中元総理の別件逮捕や一連の手続き的に違法な異常行動に出たわけですが、一国の総理であった者を、そのようなやり方で逮捕したことには異議があります。そう思うのは私だけではないはずです。元総理がまだ小菅の東京拘置所に留置されていた昭和五十一年（一九七六年）八月四日、すでに秦野章参議院議員（当時）は参議院ロッキード問題に関する調査特別委員会での質問において、当局を厳しく追及しています。

自身の著書『何が権力か。』で秦野元法務大臣は、「別件にもならぬ別件のこの『衝撃』逮捕（本人逮捕の衝撃で他の逮捕者に圧力をかけることで、本人からでなくむしろ他の逮捕者から自供をひきだすことを意図した逮捕）が、高邁な正義のほとばしりであるとすれば、危険な面をのぞかせている。『適正な手続き（デュー・プロセス）』

というルールを明らかに外れているからだけではない。魔性の政治の手に乗った疑いがあるということだ」（要旨）と述べています。

ロッキード事件が高度に政治的色合いの濃い国際的疑獄事件であったのに対して、米国のウォーターゲート事件は、同じ政治案件でも、住居侵入や盗聴などの犯罪の事実も実証できる刑事事件でした。当初、闇の中にあったこの事件は、前出のベン＝ベニステ主任検事が至難の検証の末に証拠を突き止めました。ベン＝ベニステの立件により、ニクソンは大統領辞任に追い込まれましたが、同時に、後を継いだフォード大統領による無条件特別恩赦によって、その後の一切の捜査と裁判を免れたのです。秦野元法務大臣はその理由を、「①それ以上続けるとニクソンの健康に障る、②裁判は大論争を巻き起こし、悪感情が対立し、国を分裂させ、政府の信用

秦野章元法務大臣

も傷つく、③裁判手続きは長時間を要する上、当分は国民感情が激しているので公正な裁判ができない」と先の著書で解説し、その処理を「アメリカ政治の大人の芸」と呼びました。私も同感、これこそが政治であり、司法に対し示すべき姿勢ではないでしょうか。

昭和二十九年（一九五四年）の造船疑獄の際、自由党の佐藤栄作幹事長への逮捕請求に対し、時の吉田茂内閣、犬養健法務大臣は指揮権を発動し、佐藤議員は逮捕を免れました。その後、犬養は自ら辞任し、この時の指揮権発動についてはかなりの批判を受けましたが、いずれにしても犬養の決断なくしては、後の佐藤内閣は存在しなかったわけであり、したがって、沖縄の返還も非核三原則の表明も実現されなかったことでしょう。

犬養の指揮権発動が、佐藤に総理として大きな仕事を成し遂げさせたことは、国民生活の繁栄と平和の維持という政治の本来果たすべき目的に適うものでした。その意味において、指揮権発動は意味のあるものであったと言うことができると思います。

また、自身が特捜検事出身でもある郷原信郎弁護士はその著書『検察が危い』で、「造船疑獄は、多くの人に、『政治の圧力』が『検察の正義』の行く手を阻んだ事件のように認識されているが、そこには重大な誤謬《ごびゅう》がある。この指揮権発動は、捜査に行き詰った検察幹部が当時の吉田茂総理側に働きかけて犬養法務大臣に指揮権を発動させた『検察の陰謀』だったことが、現在では、ほとんど定説になっている」（要旨）とし、そのような史実そのものが、「検察権力に対する何らかの抑制システムが必要であることを示している。そして、そういう意味での検察の捜査権限や公訴権の行使に対する唯一の民主的コントロールの手段となり得るのが、現行法上、法務大臣の指揮権なのである」（同）と述べています。

指揮権発動という言葉の響きが与える印象を、私たちは一度払拭し、行政のシステムの中に体系化されている、検事総長に対する法務大臣の指揮監督権というものの持つ本来的な意義を正しく認識する必要があるのではないでしょうか。

「逆指揮権」発動か

ロッキード事件に対する時の政権の対応はどのようなものだったのでしょう。三木総理は口を開けば「徹底究明」を繰り返し、米国に親書まで送ってコーチャン証言を求めました。そしてマスコミを煽り、検察を煽りました。彼は世論に迎合したポピュリストでした。また、稲葉法務大臣は、田中元総理と同じ新潟の出身でしたが、やはり「反角」の急先鋒でした。「反角」の選挙演説を地元で繰り返し、国会で追及された議事録が残っています。行政の長たる者が、また、検事総長を指揮監督する立場にある者が、そのような姿勢であっては、検察に捜査の行き過ぎや適正の欠如があったとしても、それを点検したり諫《いさ》めたりすることは、できるはずがありません。それどころか「逆指揮権」を発動して検察の暴走を誘導したと言っては、言葉が過ぎるでしょうか。

吉田内閣での犬養法務大臣の指揮権発動、また米国でフォード大統領のニクソン大統領への特別恩赦のような、それまでに先人が示してきた、政治のなせる「大人の対処法」が田中への疑惑に対して発揮されなかったことを、私はたいへん残念に思います。本来、無謬《むびゅう》であるべき日本の裁判は、そうではありませんでした。現在もそうです。それは、悲観すべきことでもあり、また、ただ悲観していてはならないことでもあります。田中のような「一人の無辜《むこ》」を二度と生まぬよう、私たちは不断の努力をもって、私たちの国の裁判の在り方を、あるべき姿へと改善しなければならないと思います。

田中にふりかかったこのあまりに不幸な事態を招いた首謀者は、三木政権であり、特捜検察でした。しかし、オヤジを失脚させ、日本の政治から真の愛国者を葬ったロッキード事件の最大の黒幕は、海の向こう、事件の震源地、米国にいたのです。

第三章

真相を求め米国へ

隠密行動で渡米を繰り返す

昭和五十八年（一九八三年）一月二十六日、田中角栄は懲役五年、追徴金五億円という厳しい求刑を受けました。その時、私はこう考えました。検面調書に記されている検察側のストーリーをつぶすには、日本国内の法廷闘争だけでは勝てない、米国で調査を進めてその真相に迫らなければならない――。私はそれを実行しました。田中本人には多くを語らず、二階堂幹事長、佐藤昭、早坂茂三など田中の側近と相談を重ね、私は密かに行動を開始しました。

日本の国会は、正式には「常会」と呼ばれる「通常国会」が、一月中に召集されて次年度の予算審議が行われ、二月、三月は衆参両院の予算委員会が開かれるのが通例となっています。そのため、全閣僚と予算委員会のメンバーは完全に拘束されますが、この間は、本会議も他の委員会もほとんど開かれませんから、他の両院議員は時間に

わが政治の父と著者。何とかオヤジの力になりたくて、密かに渡米を繰り返した

比較的余裕があり、私はこの時期を使って、たびたび渡米しました。

ただ、外務省、日本大使館などを通して動きますと、私の行動が白日のもとにさらされてしまいます。飛行機も日航機に乗りますと、他の日本人の乗客が多く目につきますので、何をするにも隠密行動でした。ユナイテッドやパンアメリカン、あるいは第三国の航空機を利用し、入国するのにも、日本人が多いロサンゼルスやサンフランシスコではなく、シカゴやアトランタなどを経由し、国内線を乗り継いで夜にワシントンDCに入るというようなことをしました。

ところで、私は国会議員の在職中、常時、外国人の私設秘書を雇っていました。国籍は多岐にわたり、その時々に応じて入れ替わりがありましたが、ロッキード事件当時は、米国人留学生、アルフレッド・マグルビー君が国際問題担当の秘書として、国内外での私の調査や資料の整理、外国人とのコレスポンデンスなどの仕事を手伝ってくれました。彼とは数年前、偶然、那覇で再会を果たしましたが、アルが帰国後、本国で国務省に入り、在沖縄米国総領事になって再来日していたのには、本当に驚きました。

凄腕弁護士ベン＝ベニステは勝訴できると言った

米国に誰か私に協力してくれる政治専門の優秀な弁護士がいないかと考え、私はサンフランシスコでフォトグラフィック・デザイナーをしているローレンス・ドーソンというスタンフォード時代からの親しい友人に相談しました。

彼は、「すごいのがいる」と言って、少し古くなった『タイム』誌を奥さんに持ってこさせました。その雑誌の表紙になっていたのが、ウォーターゲート事件で主任検事を務めたリチャード・ベン＝ベニステでした。

周知の通り、ウォーターゲート事件とは、一九七四年、共和党のニクソン大統領の再選委員会のグループが民主党全国本部に盗聴器を仕掛け、それに大統領自身が関与したとして辞任に追い込まれた事件です。ニクソンは当初「自分の手下がやったのではない」と否定したのですが、このベン＝ベニステは「地球の裏側までも掘り抜くシロアリのごとき」と形容された執拗な調査で証拠をつかみだし、ニクソンを追い詰めました。

その後、検事を辞めた彼は、ワシントンDCで弁護士として国際的な政治問題を扱っているというのです。「この男だったら絶対、事件を引っくり返す」とドーソンは言いました。「ただ、そう簡単にはアクセスできないから、民主党系の下院議員を通して面会をセットする」と言いますので、私はいったん日本に帰りました。四、五日すると、彼から「ベン＝ベニステと会える手はずが調った」と電話があり、再び私は米国に飛びました。

ベン＝ベニステ弁護士

ワシントンDCにあるベン＝ベニステの立派な事務所に、ロッキード事件の関連資料を持ち込み、「この事件を知っているか」と私はまず彼に訊ねました。

「あまり詳しくは知らないが、ちょっと調べただけでも、たいへん不可思議な、法的に問題の多い事件だ。何か隠されていることがありそうだ」という返事が返って来ました。

私は「ぜひそれを見つけ出してほしい。田中の弁護に協力してくれないか」と告げました。仲介をしてくれた下院議員らに聞いたところ、「ベン＝ベニステは民主党員だが党派にこだわらず、左翼がかった反権力系の弁護士ではない。法と証拠を突きつけることにより間違いを正すという正統派の弁護士で、筋の通った人物だから、ロッキード事件には打ってつけかもしれない」と言っていました。

この時、ベン＝ベニステは「よく検討してみる」とだけ言ったので、帰国して返事を待っていると、十日ほどして「ロッキード事件を引き受けましょう」と言ってきました。あらためて渡米した私は、彼と会食したり酒を飲んだりしながら、家族や女性の話までするようなすっかり気心の通じる親しい友人になりました。米国では家庭まで入るような関係にならないと本音が出てきませんが、近い間柄になった後、彼は「この事件には絶対、陰謀が絡まっているよ。底が深すぎるし、奇々怪々だ」と言いました。私は今でもはっきりと覚えています。

米国の国家機関が絡んでいる

ベン＝ベニステはこうも言いました。

「この事件は発端からしておかしい。チャーチ委員会に間違って段ボール箱が届けられたのなら、直ちに返送されるべきで、確実に国務省かＣＩＡの一部を含む首謀者がチャーチと打ち合わせて、事件をチャーチの委員会で取り上げさせるためのものだ。それに、誰を狙って、どうするかということまで事前に打ち合わせができていたはずだ」

「普通ならそんなものを受け取っても、委員会で取り上げることはないはずだが、チャーチは絶対自分で取り上げるといって引き下がらなかった。どれもこれも不自然だ。チャーチは元々ＣＩＡのスタッフで、この事件はアメリカの国家機関が絡んでいるに違いない。調べたらそのうちに分かる、面白い裏話が引き出せるよ」

次に嘱託尋問調書のことも話題になりました。

「日本政府はなぜこんなものを要求するのか、最高裁はなぜこんなもののために宣明書まで出すのか、こちらの法律家からみれば全く理解できない。日本には司法取引がないというのに」

「これは日本での公判だから日本の弁護士は言えないかもしれないが、私ならどんどん主張できる。こちらでは捜査の一段階では使えても法廷では証拠にならないような代物を、日本では証拠として採用し、中立であるべき最高裁までが初期の段階から手を貸して、それを日本政府が唯々諾々として受け取る。アメリカの法曹界にいる自分には想像をはるかに超えた無茶苦茶な行為だ」

このように、にべもない言い様でした。その上で、「この事件、どんどんやりましょう」と言ってくれました。

米国人ならコーチャンを訴追できる

さらに「コーチャンは日本において刑事免責を受け、最高裁までそれを裏付けているから仕方ないが、自分が米国内で彼を訴追することは可能だ」と言うのです。言い換えれば米国籍のベン＝ベニステがコーチャン相手に裁判を起こすことはできる、そこでコーチャンから真実を引き出せるかも知れない、というわけです。

なぜ彼がこの事件を引き受けるのかといえば「それは勝訴が見込めるからだ」と明言しました。この男は頼りになるなと思うと同時に、百万の援軍を得た気持ちでした。

彼は引き受けるにあたって、「今後、我々の会話では、田中とか角栄とは言わないようにしよう。プライムミニスターとか、そんな言葉も一切やめよう。そうだ、田中のことは『エンジン』と呼ぶことにしよう」と提案してきました。

二人で話す場合も手紙を書く場合も「エンジン」というニックネームにしようとい

チャーチ上院議員

コーチャン副会長

うのです。よそに情報が漏れることを極端に恐れたのでしょう。私も「分かった。田中は会ってくれれば分かるが、本当にエンジンが付いているような人間だ。コンピューター付ブルドーザーというあだ名がついているぐらいだから」と応じました。

さまざまな交渉と下準備の末、ベン＝ベニステはこの年（昭和五十八年）の三月十四日に来日しました。私は、ウォーターゲート事件で大統領を追いつめ、「シロアリ検事」というあだ名のついたこの弁護士をもっと早く呼ぶべきだったと後悔しました。

すでに論告求刑が終わり、あとは結審するだけの時期でしたから、一審ではベン＝ベニステの反論を出す機会はありませんでした。半年、いや一年遅れたな、と痛感しました。

このままでは求刑どおり有罪になる恐れがある。しかし、まだ二審がある。最高裁もある。どこから攻めるか、どう対応するのか、私は「その後」を見据え、ベン＝ベニステとともに弁護団を再編成し、完全に理論武装しようと考えていました。

費用については、旅費、滞在費のほかに数千万円と、私の想像していた金額よりはるかに安かったのですが、彼は、「勝ったら後でボーナスをもらう」と言っていました。お金のことは田中本人ではなく、二階堂や佐藤昭と相談していましたが、みな田中をなんとか無罪にしたいわけですから「いくらかかってもよい」という意向でした。

この頃には、ベン＝ベニステと私は、互いに、「リチャード」、「ジミー」と呼び合うほどの人間関係を築いていました。私のファーストネーム、「一《はじめ》」から「は」を省くと「ジム」となり、スタンフォード時代の古い友人たちも、親しみをこめてよく「ジミー」という呼び方を私に用いることがありました。

ベン＝ベニステの来日

さて、ベン＝ベニステは同僚のシャーロフ弁護士のほかに秘書、速記者、タイピスト、それにボディーガードをそれぞれ伴い、総勢十名で来日しました。高輪プリンスホテル（現グランドプリンスホテル新高輪）の最上階をフロアごと借り切り、私が手配した法律に明るい日本人翻訳者や秘書が同じフロアに寝泊まりして、公判記録や裁判資料の翻訳作業にあたりました。ベン＝ベニステらが要求する資料を逐次翻訳しては提供するというやり方で、急ピッチで作業を進めました。

外部からの人の出入りをチェックしていたボディーガード二人は、小さな拳銃を携行していました。今考えてみれば、これはかなり問題です。「どうやって持ち込んだのか」とベン＝ベニステに訊いても「まあ彼らはプロだから」と言葉を濁すだけでした。

私が「日本は安全な国だし、あなたのことは誰にも口外していないから心配いらない」と言うと「心配は向こうだ」と返事がありました。「向こう」とは何か、一瞬理解に苦しみましたが、要するに「米国の国家機密に手を突っ込んだら、ＣＩＡはすぐに見つけ出し抹殺する。特に外国にいるとそれがしやすい」からなのだと言うのです。

それまであまり意識していませんでしたが、実はたいへんな仕事をしていたのだ、と悟って緊張したことを覚えています。

次第に調査が進み、いよいよ正式に代理人を依頼するために彼を田中に会わせなければならない時期が来ました。ところが当時、論告から判決までの間、目白の田中邸は、毎日何十人ものカメラマンが詰めかけています。外国人を連れていけるような状態ではありません。

そこで夜間、田中を外に引っ張りだそうと考え、出入りのクリーニング店のトラックで連れ出し、近くの公園で待機させた車に乗り換えて高輪へ行こうか、などと作戦を練りました。田中がそれを嫌がったら、もう仕方ない、最後の手段として目白邸の正面玄関からベン＝ベニステ一行を迎え入れるしかないか、と考えたりもしました。

熟慮の末の苦渋の決断

そんな時、突然私は田中から呼ばれ、朝早く目白を訪ねました。私を招き入れた田中は開口一番こう言いました。

「石井君、いろいろ苦労をかけているようだな。だが、大変申しわけないがアメリカの弁護士は断ることにした」

「そんな話がありますか。せっかくすごいのを連れてきたのに」と私が抗議すると、「分かっとる。分かっとる。が、すまん、許してくれ」と真剣な表情で謝罪の言葉を繰り返します。私がさらに「このままだと有罪になりますよ」と迫ると「いや有罪にはならない」と譲らず、こうなるともう、オヤジは言い出したら聞きません。私は、一瞬にして絶望の谷底へと突き落とされたような気分になりました。

後になっていろいろと考えてみますと、田中がベン＝ベニステへの依頼を断った理由は、大きく二つあったのだと思います。

一つは「米国に仕掛けられたワナから逃れるのに米国人の手を借りたくない」という日本人としての意地とプライドがあったのだと思います。そうした「恥」をさらしたくないという気持ちです。それなら初めから私にこんなことをさせなければいいのに、とも思いましたが、それは周りが必死になって、私の動きを容認していたということでしょう。

もう一つは彼が「無罪」を固く信じていたことです。「自分は無実だ。身に覚えがない。論告がそうであっても裁判官に常識があれば有罪にはしないだろう」と田中は心の底から信じていました。だからこそ、米国人の弁護士まで頼む必要はない、と思ったのです。

また、こんなこともありました。ベン＝ベニステに正式に弁護を依頼する直前、田中の事務所で「このことが新聞に出たら、『田中の弁護人、ヤンキー現る』『SOS、ヤンキーさん』と書かれるに違いないよ」「『田中はなりふり構わず、アメリカ人まで引っ張り出した』と徹底的に批判されるな」といった会話が交わされたのです。こうした当時のマスコミの異常な報道ぶりも、田中の決断を鈍らせた側面もあったのではないかとも思います。

田中同様、弁護団も全員無罪を信じていました。法廷では次々と証人が検察の強引な取り調べを非難し、供述を覆して真実を訴え続けたにもかかわらず、裁判は事前に証拠として採用された嘱託尋問調書と検察の創作による検面調書のみに沿って進んでいきました。しかし田中同様、弁護団も皆、「日本の権威ある裁判所は最後の最後に良心に基づく良識ある判断を下すだろう」と信じていたのです。

一審判決前後の様子を弁護団の稲見友之弁護士に聞きました。彼はこう言いました。

「おそらく裁判官の中にも有罪判決を下すのは無理があると思っている人はいたかもしれない。しかし世論の流れに逆らえない雰囲気に満ちていた。もし、無罪の判決を出そうものなら、裁判官の一人や二人が暴漢に襲われるのではないかという雰囲気すらあった。黒白どちらが出るか分からないが、私は白と出ることもなくはないという希望的観測を持っていた」

田中裁判の頃の世間は、そういう状況だったのです。

私は田中にベン＝ベニステへの依頼を断られ、まるで死刑台に上るような気持ちで、彼の待つ高輪に戻りました。「じつは今朝、こういうことがあった」と頭を下げると、彼は「田中の気持ちは理解できる。よく分かった。今回の訪日で重要な案件をかなりキャンセルして来たが、今ならまだ取り戻せるものもある。すぐに帰国するよ」と言ってくれました。

「明後日の便を手配するので、それまでに娘二人に土産を買いたい」と言われ、私たちは一緒に表参道の玩具屋に向かいました。来日以来、ホテルに缶詰めだったベン＝ベニステは、この時、初めて東京の街に出ました。一番上等の日本人形を二つ買い、私からのプレゼントとして彼に渡しました。「親愛なるダニエル、オリビア。お父さんを予定より早く二人に返します。日本の友人より」と書いたカードを、私は人形に添えました。普段は分刻みの日程に追われる敏腕国際弁護士と現職国会議員との、のどかな想い出の一コマです。

こうしてベン＝ベニステはさわやかな印象を私たちに残したまま帰国しました。それ以来、私と彼との本当の親友としての関係は、今日も続いています。近年の彼は、首都ワシントンＤＣで、重要な政治関係の案件を多数、手がけています。9・11コミッションという二〇〇一年の米国同時多発テロ事件の真相を究明する委員会の主要メンバーとしても活躍するなど、現役の法曹として精力的に活動しています。

「米国は共犯者となった」

ベン＝ベニステと同じく、ロッキード裁判と日本政府を批判した米国人にジョンズ・ホプキンス大学のナサニエル・セイヤー教授がいます。セイヤー教授は10・12判決があった直後の昭和五十八年（一九八三年）十月十五日、「田中有罪判決とアメリカの果たした役割」という論文を発表しました。

これを私が翻訳したものが今でも手元に残っているのですが、この論文の中でセイヤー教授は、こう言っています。

――「日本政府は米国務省を通じ、その詳細な情報を要求し、国務省はそれらを提供するのには何らの法的根拠がないにもかかわらず、日本側に手渡した。基本的人権の尊重が旨であるはずの米国のとった態度には問題がある」

「田中側弁護団はロッキード社役員との面会を要求したにもかかわらず、認められず、公開の裁判に彼らを喚問し、反対尋問を行うことも認められなかった」

「米国は自国で採用されない証拠を日本に提供したことで、日本の裁判所を誤った判決へと導いた共犯者となった」

教授は、裁判の不公正さを鋭く指摘していたのです。

その上で「米国人の贈賄側が罰せられていないばかりか、この事件が日本のマスコミに、ベストセラーが書ける程度の内容を提供して利益を与えているだけであることを、まともな日本人なら誰でも知っている」、「日本人の胸中は、この米国の態度を不満とし、その腹の中はまさに煮えくり返っているだろう」と結んでいるのです。

田中バッシングに湧き上がっていた当時の日本の世論と比較して、事件を冷静に見つめ、この裁判が、世論に迎合する常軌を逸したものであることを指摘した声が、震源地の米国の有識者の中にもありました。

彼に限らず、私の知る多くの米国人識者は、口を揃えて同様のことを言い、あまつさえ、その責任は時の日本政府にもあるのではないか、と指摘しているのです。

時の政府とは、もちろん三木総理、稲葉法務大臣のことを言っているのでしょう。

フォード元大統領との面会

日本政府の責任――そう言われると日本人としては耳が痛いのですが、フォード大統領との話の中でもそれは出てきました。フォードはウォーターゲート事件でニクソンが辞任した後を継いだ大統領でした。一九七六年の選挙で負けて辞めていましたが、知り合いのCIAやその他の関係者が「フォードやキッシンジャーと会って話を聞くのが一番はやい」とアドバイスしてくれました。

「彼らは絶対に真相を知っている。首謀者だから」と言われ、私はフォードに会おうと決意しました。田中の控訴審が始まったころでした。彼は大統領を辞めた後、ロサンゼルスから車で四時間ほどのところに位置するカリフォルニア州の避暑地、パームスプリングス郊外にある城のようにたいへん立派な邸宅に住んでいました。

このときフォード側からは「引退しているので面会はしない」という回答が何度も返ってきたのですが、外務省の本省や日本大使館を通じ、あるいは米国の上院議員や有力な弁護士などの口添えも得ながら再三再四会見を申し込み、「政治の話はしない」という条件付きで、やっとのことでアポイントが取れました。私がフォードと何を語るか、米国の前大統領と日本の現職国会議員との会談ですから、外務省関係者は大いに興味があったと思います。条件とされた「政治の話をしない」ということについても見届けなくてはなりません。そのあたりの監視を兼ねて日本大使館から書記官を、私に同行させたのです。

しかし、私の立場からすれば、政治の話をしなければ、わざわざフォードと会う意味がないのです。パームスプリングスへ向かう長い道中の車内で、私は書記官に頼みました。

「フォードがキーマンなんだ。君がいたら、フォードは私の質問に答えないだろう。頼む、フォードと俺の二人で話をさせてくれ」

「しかし、政治の話はしないことになっています」

職務を全うできない、と同席を迫る彼に心から詫びて頼みました。

「分かっている。無理を曲げての願いだ。目をつぶってくれないか」

一生に一度の願い、とはこういうことを言うのかも知れません。田中派の議員がオヤジの汚名を雪ぐためにわざわざ海を渡ってきた熱意にほだされたのか、ついには彼の方が折れてくれました。

昭和49年11月、フォード米大統領と会談するオヤジ。この後、「金脈」批判で退陣した

後で霞が関や大使館にどのような報告をしたのかを考えると、今でもたいへん申し訳なく思っています。その後、彼とは再会の機会のないまま四十年ほどが経過したわけですが、私の手帳になぜか、書記官の名前がありません。本書の出版がきっかけとなって彼との再会が叶えば、あらためてあの時の好意に感謝したい気持ちです。

書記官を応接室に残し、執事にうながされるまま、私はレリーフのきれいなガラスの扉を開け、一人でフォード邸の広大な庭に出ました。そこには大きなゴルフの練習場が造られていて、彼はグリーンの上でボールを打っていました。

そこでまず、私もパターなどしながらグリーンの上で四方山話をした後、私は、折を見計らって本題に入りました。

「今日は政治の話はしないつもりでいたが、日本のロッキード事件は今も裁判を続けている。なぜアメリカは嘱託尋問も何もかも日本の要求に応じたのか」

するとフォード元大統領からは「細かいことは分からない。みんなキッシンジャーに任せていたからだ」という答えが返ってきました。たしかにフォード政権ではキッシンジャーが外交を支配していましたから、この人はあまり知らないかもしれない、と思いました。あるいは、フォードはすべてキッシンジャーに任せたということで逃げているのではないかとも思いました。

それでも私は「あなたはニクソンに特別恩赦を与えて彼を救った。これは政治の真骨頂だと思う。本当に残念なことだが、なぜ日本ではそれが行われなかったのか悔やまれてならない」と言いました。

フォードは「日本のことを聞かれても困る」と苦笑しながら、「あの時の日本政府の要求には異常なものがあった。三木親書を受け取って驚いた。なぜ日本では、もう少しましなアフターケアができなかったのか」と逆に私に訊ねてきました。

私が率直に「あのとき三木さんが総理でさえなかったら、成り行きは全く変わっていましたよ」と言うと、フォードは微笑みを浮かべながらうなずいていました。

この時つくづく感じたのは、日本国内でもう少し冷静な対処ができていれば、ここまで問題が大きくならずに済んだということです。有罪判決以降の田中の「死闘」の晩年を傍らで見ていた私は、あのエネルギーを前向きで建設的な政治力として日本のために発揮させていれば、たいへんな成果が期待できたはずだと思わずにはいられません。

事件に対する一つのボタンの掛け違いがその後の政治を、極論すればその後の日本の運命を変えてしまいました。まことに痛恨の極みです。

「CIAとキッシンジャーが…」

二つの日米首脳会談、一九七二年一月六日、七日のサンクレメンテでの佐藤・ニクソン会談、そして同年八月三十一日、九月一日のハワイでの田中・ニクソン会談への同行を許された私は、その機会を通じてキッシンジャーとの面識がありました。

その後、彼とは東京で会ったこともありますが、深く政治的議論をする機会のないまま今日に至っています。プライドの高いインテリ気質に加え、どこから眺めても近寄りがたい雰囲気を醸し出していて、私にとっては好感のもてる人物ではありませんでした。

私は、米国で多くの関係者と接触し、ロッキード事件の「深層」を探るため、時間をかけてあらゆる手立てを講じたのですが、衆目の一致するところは、すべてキッシンジャーに集中し、彼がキーマンであることは間違いないという確信をもちました。

「ただ、ミスター・イシイ……」。日本の政治家で特に田中派に属する国会議員に彼が真実を語ることはあり得ないから、キッシンジャーとは会見しても意味がない、と米国でも多くの友人から忠告されました。

その頃、リチャード・アレンという米国政府高官もしばしば日本を訪れていました。

この人はレーガン大統領の側近としてホワイトハウスで安全保障担当大統領特別補佐官なども務めた知日派で、東京の大使館勤務の経験もあり、田中に対してとても好意的な人物でした。

彼とはロッキード事件に関して、いろいろと語り合いました。米国議会の上下両院の有力議員や、その他の重要な人物も紹介してくれましたし、目白の私邸を一緒に訪問したこともあるのですが、その彼もロッキード事件について、「これはCIAとキッシンジャーを中心としたグループがやったのではないか。断言することは憚《はばか》られるが……」と回りくどい言い方をしました。

ロッキード事件に関しては、彼の立場上、言葉を選びながら慎重な言い回しを用いていましたが、米国政治の深層について、またCIAやFBIの、国際的な大事件への関与について、いろいろ教えてくれました。「少なくともワシントンの意図が働いていたことは確かだし、当時の日本政府の対応にも大いに問題がある」とも語っていました。

貝になったロッキード社幹部たち

スタンフォードの友人とのつながりで、ロサンゼルスでは数名の弁護士を雇い、証言を行ったロッキード社のコーチャン、クラッター、エリオットなど、多くの関係者とコンタクトを取ろうと思いました。

しかし、コーチャンはガードが堅く、弁護士であろうが、国会議員であろうが、誰であろうが、一切のコンタクトを受け付けませんでした。嘱託尋問を受けてロッキード社や米政府に協力したことで、庇護された立場で安楽に生活していたようですが、私たちのインタビューを完全拒否し、こちらがあらゆる手段を講じても、「貝になっているから、どうしようもない。ものを言えば命が危ない」という返答を得るのが関の山でした。

クラッターの状況は違いました。彼はロッキード社の日本支社長をしていたのですが、コーチャンと同じようには扱われず、どういう理由かは分かりませんが、帰国後に同社を解雇されたと聞きました。それで弁護士を介してコンタクトを図り、面会のアポイントメントを取り付け、証言と引き換えにかなり高額の支払いも約束したのですが、当日、約束の刻限を過ぎても姿を現しませんでした。

そこで、自宅の所在地を調べて弁護士を帯同して彼のところへ向かいました。クラッターは、ロサンゼルス郊外のメキシコ人街にある質素なアパートに住んでいました。ドアをノックしたまま、ずいぶん長く待たされた気がします。沈黙の末、ようやく部屋の中からクラッターの声が聞こえました。こちらが「約束通り話を聞きたい」と告げると、彼は、「こらえてくれ、口を開いたら殺される」とうめくように答えるのです。私たちとの面会の約束の後、誰かに緘口令をしかれたのか、明らかに事情が変わったようでした。

「これはダメだな」とロッキード社関係者への追及は断念せざるを得ないということを、その時に悟りました。

もう一人、石田弁護士がその後、控訴審の準備のために渡米した際に「田中とトライスターは時期が違う」と供述したロッキード日本支社支配人の日系二世、鬼俊良も日本の法廷に立たせることができませんでしたが、「地球の裏まで掘り進むシロアリのごとく執拗だ」と評されたベン＝ベニステなら、米国の法廷に引きずり出したかも知れません。

田中がベン＝ベニステを加えることに同意さえしていれば、私の調査も、もっとはかどったはずで、彼らから事件の深層を知る手がかりをもっと多く得ることができたのにと思うと、返す返す残念でなりません。

私がいったん依頼したベン＝ベニステの協力を結局断ってしまった理由を、オヤジには問いただすことはしませんでした。ベン＝ベニステもそれにはふれませんでした。無罪を勝ち取るためのアクションを起こすよう、いったんは私の行動を了承したのですから、田中も迷い、悩んだと思います。しかし、あそこまでの準備を私がするとは思っていなかったのかも知れません。

さまざまな角度から調査し、交渉し、いざ準備万端という状況になって、オヤジは熟慮の末にベン＝ベニステを断ってしまいました。前述の通り、米国から降りかかったこの冤罪を、米国人の手を借りて晴らすということ。その「屈辱」を日本の政治家の意地と、そして元総理としてのプライドが許さなかったのだ――今でも私はそう思っています。それが男、田中角栄の美学だったのかも知れません。

第四章

米国の「陰謀」——その構図

CIAという組織の「凄さ」

米国中央情報局、CIAは、対外諜報活動を行う米国大統領直属の情報機関です。膨大な予算が与えられているというCIAの活動は、謎に包まれていることばかりですが、私たちのような外国の一般市民であっても、彼らが諜報活動のほかに、国外における情報操作や親米政権樹立の支援、あるいは反米政権転覆の援助などの謀略活動を行っていることは想像に難くありません。

大韓民国中央情報部（KCIA）の設立、ウォーターゲート事件、イタリアの反政府組織「赤い旅団」によるモロ首相暗殺、韓国の朴正熙大統領暗殺、フィリピンのベニグノ・アキノ氏暗殺、イラク戦争など、CIAが関わったとされる事件は枚挙にいとまがないほどです。

その情報収集能力も抜きに出ており、最近では9・11の米国同時多発テロも、その二カ月も前に情報を入手していたと言われています。それをブッシュ政権が問題視しなかったとは、まさにたいへんな不幸だと思います。

いずれにしても、CIAという組織の「凄さ」といったら、想像を絶するものがあります。この同時多発テロを過激派組織アル・カーイダとともに首謀したとされるアフガニスタン・タリバン政権の指導者ウサマ・ビン＝ラーディンの暗殺作戦が遂行された折にも、CIAの周到な諜報活動が奏功し、ターゲットであるビン＝ラーディンの潜伏場所が特定されました。実際のオペレーションは、パキスタンの首都イスラマバードから北東へ約六十キロ、アボッタバードの潜伏先で遂行され、その様子は、ホワイトハウスの危機管理室のモニターに生で配信されて、オバマ大統領、バイデン副大統領、クリントン国務長官ら米国政権の中枢や軍事・安全保障問題担当の幹部らが、それを見届けました。

特筆すべきは、これらのオペレーションが米国の主権の及ばない他国の領土で展開されたということです。それが世界のどこででも、日本の国内でも起こり得るという歴然たる事実には、背筋が凍る思いすらします。

対日政治工作の実態

平成二十一年七月二十六日、毎日新聞朝刊の一面と二面に、じつに興味深い記事が掲載されました。

昭和三十年の自由民主党結党にあたり、保守合同を先導した緒方竹虎・自由党総裁を通じて米国が対日政治工作を行っていた実態がCIA文書（緒方ファイル）から分かった——と同紙は報じています。「50年代・米公文書分析」「緒方竹虎を通じCIA政治工作」「彼を首相にすれば、日本は米国の利害で動かせる」「戦後日本『米の影下』鮮明」「CIA工作・日ソ接近防ぐ目的」という生々しい小見出しと緒方の顔写真を眺めていると、平成の御世、二十一世紀を迎えた日本から一瞬のうちに半世紀以上前へタイムスリップしてしまったかのようです。

サンフランシスコ講和条約が発効し、日本が正式に国家としての全権を回復すると、連合国軍総司令部（GHQ）はCIAに情報活動を引き継ぎます。東西の政治体制が対峙する冷戦下、民主主義国家としての産声をあげたばかりの日本政治が米国に促されるまま追従していたことを如実に知ることができる貴重な資料です。

それによれば、CIAは対日政治工作の対象者である緒方に暗号名をつけて本格的なオペレーションを遂行していました。そのような対象者には岸信介や読売新聞の正力松太郎なども含まれていました。

ニューヨークタイムズ紙で二十年以上ＣＩＡを取材したティム・ワイナー記者が米国で出版した「Legacy of Ashes, The History of the CIA」（邦題『ＣＩＡ秘録』）という本があります。同氏が膨大な量の資料と関係者の証言をもとに記したものですが、この中で彼は、冷戦の激化に伴い日本を西側体制の「防波堤」とするための再軍備と「米国主導」の自立を促すため、ＣＩＡを介して米国と岸信介の間に密約があったと述べています。ワイナー氏はこう書いています。

「岸は日本の外交政策を米国の希望に沿うように変えると約束した。そうして米国は在日米軍基地を維持することができ、日本においては極めて微妙な問題をはらんでいたが、そこに核兵器を貯蔵することができた。その見返りとして岸が求めたのは、米国からの『秘密裏の政治的支援』であり、それは政界工作のための資金を指し、しかもそれは断続的に支払われる裏金ではなく、永続的な支援財源だった」

また同氏は、マッカーサー元帥の甥で駐日米国大使を務めたダグラス・マッカーサー二世が、「日本が共産党の手に落ちれば、どうして他のアジア諸国がそれに追随しないでいられるだろうか」と岸から説得されたとも記しています。

それから半世紀以上の間、吉田茂総理から安倍晋三総理の今日に至るまで三十名もの総理にわたって、日本の政治は、日米安保条約とも相まって、米国の傘の下で、米国の意向にまさに盲従するように行われてきたと言っても過言ではないでしょう。

資源小国の宰相の使命

そのような、逆らうことができない大河の奔流のような日米両国の政治の枠組みから、ただ一人、臆することなく「逸脱」したのが田中角栄でした。否、田中も臆していたのかも知れません。しかし、日本国の総理大臣として田中の目は世界に向き、また日本の未来を見据えていました。

評論家の田原総一朗が用いて以降、「米国の虎の尾を踏んだ」という表現が田中と米国の関係を的確に表す常套句となりました。資源に恵まれないわが国独自の「資源外交」や電撃的な「日中国交正常化」が米国の逆鱗に触れたことを的確に表現していると思います。

先だって、田中の総理秘書官を務めた小長啓一弁護士（元通商産業事務次官）から直接伺ったところによると、田中は次のように語っていたそうです。

「資源の安定的確保を図ることが無資源国日本の内閣総理大臣の第一の使命だ。これはトップがやらないといかんのだ。資源に関してはすでに四方に利権の壁が張り巡らされている。そこへ飛び込もうとするなら首脳が飛び込んで壁に穴を開けなければ突破できない。だから自分がやらなければならないのだ」

あえて米国を刺激する意図はなかったとしても、自らのアクションが米国の反感を買うことは承知をしていたはずです。しかし、日本の国益を考えたとき、田中は勇気と行動力をもって、世界各国で資源外交を展開する決断をします。

また、世界一の人口を有する巨大な国家、中国との国交正常化についても、田中は同様の勇気と行動力を発揮しました。ここぞと時機を見定める決断力と人間の機微を得た田中外交が中国首脳部の琴線に触れたのか、中国側から戦時賠償の放棄まで引き出すことに成功しました。

冷戦下にソ連を含む各国で展開された独自の資源外交で米国の石油権益を侵し、共産主義の超大国である中国といともたやすく国交正常化を成し遂げた田中角栄という人物を、米国が危険視していたのは疑いようもありません。それがロッキード事件の火種となったと考えることは至極当然な論理的帰結だと、私は確信しています。

キッシンジャーの怒り

田中に対するキッシンジャーの警戒感は、田中が佐藤栄作総理の第三次改造内閣の通産大臣として臨んだ日米繊維交渉の折に芽生え、それ以降、日中国交正常化、独自の資源外交の展開とともに深まり、最後に起爆された悲劇がロッキード事件だったと、私は考えています。

繊維製品に関する日米の貿易不均衡を、「決断と実行の男」と評された田中通産大臣は見事に解決し、ニクソン大統領は田中にたいへん好印象をもったといいます。一九七二年一月にサンクレメンテで開かれた佐藤・ニクソンの日米首脳会談の席上、田中はニクソンに呼ばれ、総理に最も近いとされていた福田を差し置いて大統領の隣に着座したというエピソードもそれを物語っています（この話はとても有名ですが、同行した私はそれを傍で見ていました）。

一九七二年七月に田中は第六十四代の内閣総理大臣となります。田中内閣の政策の二本柱は、「日本列島改造」と日中国交回復でした。中国との関係正常化には国内の親台湾派や米国をたいへん刺激しました。実際、キッシンジャーは田中の姿勢に懸念を隠さず、当時の牛場信彦駐米大使に対し、国交回復を断念するよう、しきりに圧力をかけてきたといいます。

そこには、この年の二月に実現したニクソン大統領の電撃訪中での米中共同声明で述べられた、「米中の共存を軸にした新しい秩序の形成」に、田中が水をさすとの強

昭和48年2月、オヤジは来日したキッシンジャー米大統領補佐官と首相官邸で会談した

い懸念があったからに違いありません。この頃、キッシンジャーがCIAに田中の動向を調べさせていたことは、後に公開された国務省の文書からも事実と判明しています。

田中に限らず、日本の総理に関する動向調査は、米国としては当たり前のことかも知れません。しかし、CIAから直接、あるいはその支配下にある米国メジャー企業を経由して間接的に提供される巨額の資金によって米国と協調した歴代の総理と、田中はまったく異質です。だからこそ、田中を徹底的にマークしたのだと思います。

いずれにせよ、田中はキッシンジャーにとって目の上の瘤《こぶ》のように目障りでうるさい存在であったはずです。

サンクレメンテでの首脳会談から八カ月後、一九七二年八月三十一日、九月一日の両日、ハワイで行われたニクソンとの日米首脳会談に、田中は内閣総理大臣として臨みました（このときも私は同行を許されました）。米中を基軸として形成しようとしていた新秩序の足並みを敗戦国である小国日本に乱されたことに、キッシンジャーは不快感を隠そうともしなかったのです。その後に予定されていた訪中の意図を何度も詰問するように訊ねたといいます。

田中は「最悪の裏切り者」

ハワイでの首脳会談からわずか一カ月足らずの一九七二年九月二十五日には、北京で日中首脳会談が開かれ、二十八日の外相会談を経て、二十九日には日中共同声明の調印式が執り行われました。戦争賠償の請求権の放棄までを盛り込ませた田中外交は見事と言うほかありませんが、このとき、キッシンジャーは田中のことを「最悪の裏切り者」と吐き捨てるように言ったと伝えられています。

田中の胸の中に、米国を刺激しようという意図は微塵もなかったはずです。日本の総理大臣として果たすべき使命は果たさねばならない、という思いだけがあったのだと思います。先の大戦では、米国が、広島と長崎に原子爆弾を投下するという空前絶後の大きな過ちを犯したのと同様、大陸への侵略を謀った日本も、中国に対しては何らかのけじめをつけなければなりませんでした。

このことが米国を刺激することは、田中も痛いほど分かっていたと思います。それでも、田中は断念することなく意思を貫き、それを成し遂げました。まさに、「決断と実行の男」と評される所以でしょう。それは、日中国交正常化にとどまらず、その後の自主資源外交でも大いに発揮されることになります。

戦後復興と高度経済成長を果たすため、田中は「日本列島改造」を合言葉に、さまざまな施策を打ちましたが、これらの政策を裏打ちするために、米国だけに依存しない日本独自の資源の確保という難題も、同時に解かなくてはなりませんでした。

一貫した田中の自主資源外交

田中の自主資源外交は、一九七二年七月の「ジャパン・インドネシア・オイル」の設立で幕が開きました。翌七三年七月に資源エネルギー庁を発足させると、同年九月下旬、田中は欧州各国とソ連を歴訪し、本格的な資源外交を開始します。

九月二十六日、最初の訪問国フランスでポンピドー大統領らと会談した田中は、中東における日仏共同の原油開発に合意します。その会談の四日前に国務長官に就任したキッシンジャーは、米国利権への挑戦だとして、田中を批判したそうです。

次の訪問国である英国で田中は、北海油田開発への参画を模索しますが、根回しの最中にマスコミにリークされたことが原因で英国議会での承認を得られず、この計画は断念に追い込まれました。後年、出光興産が参画を果たすのですが、このときのマスコミの暴露については、キッシンジャーの指示による妨害工作であったと見るむきもあります。大いにうなずける見方です。

続いて訪れた西ドイツでは、ブラント首相との会談の前に行われた西独財界関係者との懇親会の席上で、ソ連チュメニ油田開発への参画を呼びかけるという勇み足もあって、首脳会談そのものは不発に終わってしまいました。そもそも冷戦下のこの時代、米国はソ連の油田開発には反対で、「ソ連ではなく米国と組め」というのが米国の本音であり、キッシンジャーによる強力な圧力が西独にも働いていたようです。

このチュメニ油田開発に関して、当時、田中の秘書官を務めていた小長啓一弁護士から、私が直接伺った話によると、驚くべきことに田中は、米国にも参加を呼びかけようと考えていたようです。

無邪気というか、天真爛漫というか、冷戦下に、ソ連の油田の開発に米国が加わることなどあろうはずもないと私は思うのですが、田中はそうは思わなかったようです。

これほど清廉で真っすぐな気持ちをもった政治家がいるでしょうか。そんな政治家が米国から危険視され、やがて身に覚えのない罪で有罪判決を受け、無辜《むこ》の人として世を去ったことは、本当に残念でなりません。

いずれにしても、田中の胸中には米国を軽視したり、ニクソンやキッシンジャーの心情を逆なでしたりしようなどという気持ちは微塵もありませんでした。ただ、資源に乏しい日本の総理大臣として、わが国独自の自主的資源調達のために真正面からこの問題と対峙しなくてはならないと考えたのだと思います。

昭和48年９月、「資源外交」のため欧州へ旅立つオヤジ。令嬢、眞紀子さんも同行した

日独首脳会談を終えた田中一行が西独の保養地ク

ローンベルクに滞在していた一九七三年十月六日、第四次中東戦争が勃発し、いわゆるオイルショックが起きました。そのような騒然とした中、歴訪の締めくくりとして十月八日からソ連のクレムリンにおいて行われた、ブレジネフ書記長、コスイギン首相、グロムイコ外相らとの日ソ首脳会談において、田中は、チュメニ油田の共同開発と引き換えに北方四島の一括返還を要求しました。

歴史に「たら」、「れば」は禁物だと言いますが、日中国交正常化と同様、ソ連とも、さらには北朝鮮とも、田中なら大きな成果を日本にもたらしていたはずだと私は確信しています。さしものキッシンジャーも、日ソ首脳会談での田中には「気概」「迫力」「知恵」を感じたといいますが、と同時に、「中国とのように、日本を、ソ連とさせてはいけない」と語ったとも言われています。

「デンジャラス・ジャップ」

歴訪から戻ったばかりの田中のところへ、昭和四十八年（一九七三年）十一月十四日、業を煮やしたキッシンジャーが来日し、アラブ寄りのエネルギー政策へ転換しないよう強く求めました。これに対し田中は、「輸入の八割を占めるアラブ諸国の大義には何らかの形で共感を示す必要がある」としてこれを拒否し、会談の翌週十一月二

■田中首相の「資源外交」

時期	訪問国	主な面会者	主な協議内容
1973年9月26日より 欧州・ソ連歴訪	フランス	ポンピドー大統領 メスメル首相	中東における日仏共同の原油開発に合意 仏にウランの濃縮加工を発注 （ニジェール・共同会談）
	イギリス	ヒース首相	北海油田開発への参画を模索するが、マスコミの暴露により英国議会での承認が得られず計画を断念（結果的には出光興産が取り戻す）
	西ドイツ	ブラント首相	事前に行われた財界との懇親会の席上、ソ連のチュメニ油田開発参加をよびかけたためか、首脳会談は不発に終わる
	ソ連	ブレジネフ書記長 コスイギン首相 グロムイコ外相	北方四島一括返還を要求（チュメニ油田の共同開発と引き換えに） その後ソ連が翻意し油田開発は頓挫
1974年1月7日より 東南アジア 5カ国歴訪	フィリピン	マルコス大統領	経済交流促進で合意 食糧増産への協力表明
	タイ	サンヤ首相	◇学生デモに遭遇 首脳会談終了後、学生代表と懇談
	シンガポール	リー・クアンユー首相	石油危機の影響を各国で等しく持ち合うことで一致
	マレーシア	ラザク首相	経済協力を強く要請される
	インドネシア	スハルト大統領	・LNG20年間供給の取り付け ・2億ドル円借款の提供 ・第3の輸送ルートの確保（現存） ・日本、インドネシア、サウジアラビアの3カ国間での資源協約の締結を模索 ◇大規模デモに遭遇（米国による工作か）
1974年9月12日より 4カ国歴訪	メキシコ	エチェベリア大統領	旺盛な資源外交を展開
	ブラジル	ガイゼル大統領	鉄鉱石、ボーキサイト、錫、マンガン、ウラン鉱などの地下の豊富な天然資源の共同開発、アマゾン開発
	アメリカ	フォード大統領	キッシンジャー国務長官の横やりか、フォード大統領との会談が非公式なものとなる。資源問題は議題にされず
	カナダ	トルドー首相	カナダでも資源ナショナリズムの風が吹いており、好意的な雰囲気のなか、タールサンド、ウラン鉱開発について協議
1974年10月28日より アジア・オセアニア 諸国歴訪	ニュージーランド	ローリング首相	海洋資源開発など科学技術分野での相互協力に合意
	オーストラリア	ホイットラム首相	ウラン濃縮の共同開発と引き換えに酸化ウランの積み出し問題を解決
	ビルマ	ネ・ウィン大統領 セイン・ウィン首相	65億円の円借款などで合意

十二日には「新中東政策」を発表して親アラブへの転換を宣言しました。その結果、アラブ各国は日本を「友好国」とみなすようになりました。

これに対し、アラブ危機に便乗して自身が関係するメジャー企業の利潤追求に邁進していたキッシンジャーは、「田中の試みは自殺行為にほかならない」と怒り、田中への警戒をますます強めました。

翌四十九年（一九七四年）は激動の年となりました。八月八日にウォーターゲート事件でニクソン大統領が辞任し、次いで十二月九日には田中内閣が総辞職しました。しかし、この四十九年も田中は世界各国を飛び回りました。一月の東南アジア五カ国歴訪では各地で反日デモに遭遇しましたが、これらがキッシンジャーの指示によるCIAの工作であった可能性は、これまでに述べてきたようなことから、否定できないと私は思います。

四月には、「資源のない国の知恵と資金による途上国支援」として、シベリア開発計画への共同参画を西独に呼びかけ、ブラント首相から前向きの回答を得ています。田中の理念が実現されれば、米国は「世界から孤立してしまう」として、キッシンジャーは田中のことを「デンジャラス・ジャップ」だと批判しました。

九月の四カ国歴訪で田中は、メキシコ、ブラジル、米国、カナダを訪問しました。

ブラジルでは、鉄鉱石、ボーキサイト、錫、マンガン、ウラン鉱など豊富な地下資源の共同開発などが議題にあがりましたが、資源大国であるブラジルには米国も大きな関心があり、ここでも田中とキッシンジャーの利害が衝突する形となりました。

ワシントンDCでの田中・フォード会談は、なぜか非公式会談となりました。一説には、田中内閣の行き詰まりを察知したキッシンジャーの横やりによるそうですが、田中内閣の終焉をなぜ、国務長官は事前に知り得たのか、大いに疑問の残るところです。

十一月、フォード大統領がキッシンジャー国務長官とともに来日し、田中は日米共同声明に署名しました。そこには「日米両国は（石油）消費国間の協力を進めることを重視し……」という文言が盛り込まれました。これは、産油国であるアラブ諸国との決別を遠回しに表現したものです。言わば田中の資源外交が米国の前に一歩後退した瞬間でした。ともあれ、このような米国からの外圧と、金権問題という内圧とで、まさにキッシンジャーの予感どおり、田中内閣は総辞職に追い込まれていったのです。

「本命」は対潜哨戒機P3Cオライオン

さて、話が少々、本書の主題から横道にそれることをあらかじめお断りします。とは言っても、これから私が述べることは、見方によってはロッキード事件の本筋中の本筋、明るみに出ない最も深層に隠れた事柄であるかも知れません。

ロッキード事件のロッキードとは、言うまでもなく米国の航空機メーカー、ロッキード社のことで、事件発覚当時は、民間旅客機トライスターと対潜哨戒機Ｐ３Ｃのような軍用機を製造する会社でした。事件をきっかけに民間機から撤退し、現在は他社と合併して軍用機のみを製造しているそうですから、そもそも軍用機に重点を置いていたことが容易にうかがい知れます。

民間機トライスターの「トライ」とは「三つの」という意味で、フランスの国旗の三色を「トリ・コロール」、三人組を「トリオ」と言うときの「トリ」と同意語です。「スター」は言うまでもなく「星」のことですから、トライスターは「三ツ星」といったところでしょう。

「三ツ星」と聞いて、私が思い出すのは、なんと言っても、冬の夜空に輝くオリオン座の「三ツ星」です。東京や神戸のような都会のビルの隙間からでも眺めることのできる、たいへんに明るい星ですから、天文に興味のない方でも、ご存知の方は多いと思います。

この星座の名の由来となったオリオンとは、ギリシャ神話に登場する狩人の名で、

米海軍のＰ３Ｃ(上)と全日空のトライスター機

英語で発音すれば「オライオン」となるのですが、この「オライオン」こそ、ロッキード社の製造する対潜哨戒機Ｐ３Ｃの愛称であることを、私も比較的最近になって知りました。

つまり、当時、ロッキード社が商っていた「三ツ星」航空機は、民間機のトライスターと対潜哨戒機のオライオンの両方であったわけで、事実、ロッキード社は一機五十億円のトライスターを二十一機、一機平均七十七億円のオライオンを四十五機、日本に購入させることに成功しています。全日空という民間航空会社に売った二十一機の民間機の売却額は合計で千五十億円、かたや日本政府に売った軍用機四十五機の売却額は、その三倍以上の三千五百億円にのぼります。

このようなことから、ごく常識的に考えても、ロッキード社は、トライスターよりもオライオンの売り込みに力を注いだはずで、そのために日本政府の高官に対して相当の働きかけがあったと考えざるを得ません。それが事実なら、これは民間とは比較にならないほどの大きなスキャンダルになる可能性があります。

実際、米国上院議会のチャーチ委員会における公聴会で、コーチャンは、多額の政治献金を日本や欧州各国に行っていたことを公表し、その総額は、一九七〇年から七五年の間で、総額二億ドル（当時のレートで約六百億円）に上ると述べました。同委員会で明らかにされたリストによれば、七五年末までに七〇八万五千ドル（同約二十一億円）が、ロッキード社の秘密代理人でＣＩＡの対日工作員でもあったフィクサー、児玉誉士夫に支払われたことも明らかになっています。

民間機トライスターの機種選定は、民間会社である全日空が専門家を入れ、二年もの時間をかけて慎重に協議し、同社の組織した機種選定準備委員会の総意として決まったわけですが、軍用機Ｐ３Ｃの導入については、次期対潜哨戒機の国内開発からの方針転換が、どのような思惑が働いてなされたかなど、不透明な部分も多く存在します。

トライスターに絞ったP3C隠し

これはきわめて重要な話です。にもかかわらずP3Cを除外して、単純にこれをトライスターの話として、あの四回のでたらめな金銭の授受を公判で認めたという、まったく滑稽な話なのです。検面調書に書かれた通りに授受が行われたとは、私にはどうしても考えられないのです。金銭の授受はなかった、と私は思います。もし仮に、何らかのかたちで五億円という現金が動いたとしても、それは、時期的にもP3Cオライオンについてのものであり、トライスターは無関係であった、と私は確信しています。

田中の政治姿勢を痛烈に批判した評論家・立花隆もその著書『田中角栄研究　全記録』の中でこう指摘しています（要旨）。

「ピーナツ・ピーシズ領収証分をトライスター問題の事後報酬とする当局の見方に私は異論がある。事後報酬とするなら、なぜ二年にわたって、四回にも分けねばならなかったのか。ロッキード社の資金調達力に不足があったわけではあるまい」

「そして、ピーナツ・ピーシズ領収証分の金の動きは、PXL（次期対潜哨戒機）問題のプロセスにあまりにも見合っている。これをエアバス問題の事後報酬とした背景には、ＰＸＬ問題については触れないとする意志の働きがあったのではないかと疑いたくなる。その意志は、おそらくアメリカの意志、つまり、アメリカの対ソ戦略の一環としてある、日本の対潜哨戒網の形成に障害が起きないようにとの意志が働いていたのではあるまいか」

米国の「陰謀」の鍵は、この事件をトライスターだけに絞ったこと、そして田中以外には広げないこと、という二点に尽きると思いますが、そこに働いたキッシンジャーの意図は、やはりＰ３Ｃに絡んでいると推測せざるを得ません。

そのような思惑の下、反対尋問が認められていないのですから、嘱託尋問では何を言っても通用し、米国に都合のよい部分だけが日本に流されました。そのような意図が歴然としてあるのにもかかわらず、日本の裁判では、その真実を見落として、あるいは恣意的に、関係のないものを田中に結び付けてしまったのです。

トライスターの機種選定は、田中の総理就任時には、ほぼ決着していました。ロッキード社内でも、そう語った人物（鬼俊良・元日本支社支配人）がいます。少なくとも田中にとって受託収賄にあたるような話ではないということを、声を大にして言いたいのです。

このことは当時から、関係者からも識者の間からも、疑問の声が上がり続けていました。佐藤内閣で運輸大臣や防衛庁長官を務めた中曽根康弘の名前が、ロッキード事件に関する米国側の資料に、十三名の「灰色高官」の一人として記されているという噂もありました。

中曽根は、児玉誉士夫とも深い関わりのある政治家であり、ロッキード社がP3Cに関してアプローチしたとすれば、田中よりも中曽根であったはずですが、こちらの方は、とうとう問題視されず、うやむやのまま時が流れました。

驚くべき「もみ消し」要請の米公文書

平成二十二年（二〇一〇年）二月十二日の朝日新聞の朝刊は、ロッキード事件に関して、興味深いニュースを報じました。それは、事件発覚直後の昭和五十一年（一九七六年）二月、当時自民党幹事長だった中曽根が、ホジソン駐日大使を通じて米国政府に、ロッキード事件「もみ消し」を要請したというのです。それを本国政府に報告した電信の公文書が米国で見つかった、と報じたのです。

事件が明るみに出た折、米国側はロッキード社の裏金が渡った日本の政府高官の氏名を伏せ、公表しませんでした。これに対し日本国内では、与野党ともに真相究明を政府に要求し、三木総理はいったん、「高官名を含むあらゆる資料の提供」を米国に要請することを決定しました。

中曽根は自民党幹事長としてのメッセージを本国政府に伝達するようホジソン大使に依頼し、三木総理の方針を「苦しい政策」とした上で、「もし高官名リストが現時点で公表されると、日本の政治は大変な混乱に投げ込まれる」「できるだけ公表を遅らせるのが最良」と語ったとされています。

さらに翌日には、中曽根は要請内容を変更し、「もしこれが公表されると、三木内閣の崩壊、選挙での自民党の完全な敗北、場合によっては日米安保の枠組みの破壊につながる恐れがある」と指摘し、「この問題をもみ消すことを希望する」ことを要請したというのです。

この公電には、中曽根の言葉としてローマ字で「ＭＯＭＩＫＥＳＵ」という記載すらあります。結果的に、ロッキード事件の資料は、原則として公表しないことを条件に米国側から日本の検察に提供されました。

公電の中でホジソン大使は、中曽根の見方は「誇張に過ぎる」との見解を示し、さらに「中曽根自身がロッキード事件に関与している可能性がはっきりしない点にも注目すべきだ」として、中曽根の要請の「意図」にも疑問を投げかけています。

しかし一方で大使は、真相究明のため資料の提供を求める「日本政府の公式の姿勢

第3種郵便物認可　朝刊

日本の本音と建前分析

「もみ消し要請」米、一定の理解も

Department of State TELEGRAM

SECRET

PAGE 02 TOKYO 02576 201210Z

OF JACK ANDERSON'S STAFF THAT ANDERSON HAD OBTAINED SOME TEN DAYS PREVIOUSLY THE NAMES OF TWO JAPANESE OFFICIALS INVOLVED-- I.E., TANAKA AND OHIRA. NAKASONE SAID THAT WHEN HE DISCUSSED THIS INFORMATION WITH PRIME MINISTER MIKI IT WAS MIKI'S JUDGMENT THAT SHOULD THESE NAMES BE MADE PUBLIC BY ANDERSON, IT WOULD MEAN THE COLLAPSE OF HIS CABINET, THE "COMPLETE DEFEAT" OF THE LDP AT THE POLLS, AND A POLITICAL SITUATION WHICH THE LDP WOULD BE UNABLE TO MANAGE, POSSIBLY LEADING TO THE BREAKDOWN OF THE U.S.-JAPAN SECURITY TREATY STRUCTURE. NAKASONE SAID THAT HE HAS SOME REASON TO BELIEVE THAT THE JSP, DSP AND KOMEITO ALL HAVE KNOWLEDGE OF THIS INFORMATION (I.E., THAT JACK ANDERSON HAS THESE TWO NAMES). HE ALSO GUESSES THAT OHIRA MAY HAVE LEARNED OF IT. ON THIS OCCASION, NAKASONE ALTERED HIS MESSAGE TO THE USG AS FOLLOWS."I HOPE (THE USG) WILL THINK ABOUT THIS CAREFULLY. I HOPE IT WILL HUSH UP (MOMIKESU) THE MATTER." ALTHOUGH IN THESE CONVERSATIONS NAKASONE INDICATED THAT HE WAS WORKING CLOSELY WITH THE PRIME MINISTER, HE DID NOT AT ANY POINT SUGGEST THAT HE WAS SPEAKING FOR MIKI.

「I HOPE IT WILL HUSH UP(MOMIKESU)THE MATTER（私は米政府がこの問題をもみ消すことを希望する）」との記載がある米公文書（下から5行目、該当部分を明るく修整）

日米にまたがる戦後最大の疑獄、ロッキード事件の発覚直後、日本の与党幹事長から米政府に「もみ消し」要請が届いたとする公文書が見つかった。米政府は、日本政界の本音と建前を分析したうえで、日本に事件の資料を提供することが自国の利益にかなうかどうかを冷静に計算していた。　＝1面参照

ジェームズ・ホジソン駐日米大使（当時）は、1976年2月20日の本国あて公電で、「中曽根康弘・自民党幹事長からメッセージが託された」と報告するとともに、その真意を分析している。

■沖縄県の米軍基地負
と知事が回答した都
北海道、青森、宮
石川、静岡、兵庫
香川、愛媛、高知

■主な知事のコメント
高橋はるみ・北海道知
国内の基地の整理、
の促進、日米地位協
必要だ。
石原慎太郎・東京都知
や歴史的な経緯によ
中しており、負担軽減
松沢成文・神奈川県知
の基地の集中は大き
休基地の返還、基地
可能な限り図られる
神田真秋・愛知県知事
面で、沖縄の米軍基
等しく受けている。
政府はもちろん、国
題として考えていく
橋下徹・大阪府知事
は内閣の専管事項だ
厳しい現状を思うと
あっていいのかと率
金子原二郎・長崎県知
市に米海軍基地を受
から話がない中で
が、（さらなる負担
県民感情からいって

中曽根氏の「MOMIKESU」という言葉を記した公電の写真を掲載した平成22年2月12日の朝日新聞朝刊

とは異なり、自民党の指導者たちの多数は、関与した政府高官の名前を公表してほしくないのではないか」「日本政府の公式の要請を字面どおりに受け止めるべきではない」とも指摘し、「もし可能ならば、これ以上の有害情報の公開は避けるのが我々の利益だ」と結んでいます。

当時、児玉ルートにからみ現職閣僚二名の名前がその中に含まれているのではないかという、まことしやかな噂もありました。日本政府や自民党、具体的には三木総理や中曽根幹事長は、田中以外の名前が公表されることを恐れ「も

み消し」を要請した、と考えるのが自然ではないでしょうか。

いずれにしても、この記事は、れっきとした米国の公文書に関しての報道です。当時、中曽根は「ノーコメント」を貫きましたが、少なくとも「誤報だ」とは言っていません。

また、塚本三郎・元民社党委員長の著書『田中角栄に聞け』によれば、この米国大使に対する中曽根の要請とは別に、中曽根と親しかったキッシンジャー国務長官が上院に対し、レビ司法長官と共に、日本の高官名を公表しないよう求める次のような書簡を送っていたというのです。

「われわれは、たとえいかなるものであれ、これら（不正）支払いに対しては、繰り返し強く批判するものである。しかし、本事件における準備的な手続き段階において、特定の外国高官の氏名、国籍を、第三者に開示することは、時期尚早に過ぎるものであり、米国の外交関係に損害を与えることになる点も指摘しなければならない」

私は、今になって中曽根元総理を批判しているわけではありません。あの時、実際に軍用機に絡むスキャンダルが公表されていたとしたら、日本の安全保障政策全体を揺るがす最大の防衛疑獄となったはずです。自己保身ではなく、与党の幹事長として、その重大性に鑑みて「もみ消し」をせざるを得なかった事情は、同じ政治家として理解できなくもありません。しかし、このような公文書の存在が明らかになった今、田中の名誉を挽回するためにも、真実だけは質さなければなりません。

「P3Cのことは墓場まで持っていく」

中曽根の奔走がどう作用したのか、田中だけが一人、全日空のトライスター導入に絡む受託収賄で有罪判決を受けました。このことに私は全く釈然としません。

これはずばり、日本政府のP3C調達に絡んだ、田中以外の日米両国関係者の巨大な利権スキャンダルだったのではないか。この巨大で醜悪な謀略に、田中を危険視したキッシンジャーと三木との思惑が重なって、田中とトライスターだけに焦点を絞り、P3Cからトライスターに、十三名の灰色高官から田中一人に、ターゲットをすり替えて立件したのが、「田中ロッキード事件」ではなかったかと推測されます。

実際、田中もそのことを直観的に認識していたものの、政府高官の関与する軍用機絡みの一大疑獄事件が自民党政権や日米安保の枠組みに与える影響を田中は慮《おもんぱか》ったのだと思います。P3Cの件は、田中ではなく、児玉―中曽根のラインとされており、検察や裁判所がこの件を不問に付したことについて、当の田中が、わが身の無実を晴らすどころか、沈黙を貫いたところに、オヤジのとてつもない器の大きさを感じざるを得ません。

私の盟友であるジャーナリストの高野孟によれば、一審の弁護側最終弁論を翌月に控えた昭和五十八年（一九八三年）四月、彼は、上梓したばかりの著書『田中角栄の読み方』を、早坂を通じて田中に贈り、その際、「特にP3Cに関係する部分を読んで欲しい。これがロッキード事件の最大の隠された部分ですから」と依頼したそうです。高野は当時、P3Cの疑惑に最も関心を寄せていたジャーナリストでした。

後日、田中の読後感を訊ねると、早坂は一言、「オヤジは『P3Cのことは墓場まで持っていく』と言って、それきり沈黙した」と、高野に告げたそうです。

当時、裁判所も検察もマスコミも知ろうともしなかった、オヤジの度量と人間性に救われた日米両国政府の関係者が、どれほどいることでしょう。これは、オヤジの美学だけでなく、田中無罪を裏付ける、まさに事件の「真相」です。

「君たちのほうが正義だ」

さて、ロッキード事件の一審判決から四年近くが経過した昭和六十二年（一九八七年）、私は週刊誌の取材で田原総一朗のインタビューに応じました（「田原総一朗が『角栄判決』の真相直撃！　独走スクープ第二弾　田中角栄を罠にはめた奴は誰だ」

『週刊ポスト』八月七日号)。

この時まで私は、米国での調査にまつわる一連の出来事については口を閉ざしていましたが、田原との友情もあり、田中が病に倒れた後で、この辺りで少しでも汚名を雪いでやりたいとの思いもあって、取材を承諾しました。

本書を執筆していた時点からさかのぼって三十年近く以前に、私はそれまで明るみに出ていなかった事件の暗部について質問に答えています。時を経た今読み返してみても、的を射た見解であると自負しています。

——最高裁が〝不起訴の宣明書〟を出したのは、コーチャンが、それを出さないと証言しないとゴネたためでしたね。

「その点なんですが、私はここにはコーチャンだけでなく、アメリカの関係筋、もしかすると日本も含めてだ、そうした複合の意志、思惑の産物がこの嘱託尋問調書で、ズバリ言えば軍事問題……、つまり国家的な一つの方針があって、ある部分は隠し、ある一部にだけ限定する、と。そのためには、こういう形の嘱託尋問調書でいくしかなかった。(中略)」

——つまりP3C隠しだということですか。

「うーん。……日米安保条約もあれば、それに政府間の問題となればこれはたいへんだ。その点、トライスターは民間会社のビジネスですからね。問題の重大性、深さが全然違う。だからそこに強引に限定した（中略）」

――ところで石井さん、問題のコーチャンには会ったのですか。

「コーチャンね。弁護士たちが『どうしても会いたいのなら方法はあるんだ。必ず会わせる』といったんだけどね、調べてみるとコーチャンは、ロッキード事件については完全に貝、いや死んだ人になっている。もし口を開き、何かしゃべると命が危ない。本当の死人になる。そういう状況に置かれていることがわかった。（中略）」

――クラッターとは接触しなかったのですか。

「もちろん接触しました。クラッターは、ものすごくみじめな生活をしていましたよ。私の代理の弁護士が何度も交渉したんだが、最後に彼がいった言葉は『オレは真実を知っている。しかし、いま、ひとことでも新しいことをステップ・フォーワードしたら、自分は直ちに死んでしまう。生命が断たれてしまうんだ』と……。（中略）」

――クラッターを、〝拒否〟させた要因の中に、日本からの圧力はなかったので

『週刊ポスト』昭和62年８月７日号「田中角栄を罠にはめた奴は誰だ」

すか。たとえば……、児玉筋とか、小佐野筋とか？

「わからない。しかし、その小佐野賢治さんが……、亡くなった人のことをあまりいいたくはないのだけど、私が調査に行ったとき、小佐野さんがものすごく手を入れてきたことは事実だ。それはもう、びっくりするくらいの手の入れようだった」

──〝手を入れる〟とは、石井さんの調査活動の妨害をしたということ？

「そういう言葉は使いたくないのですが、私の調査団に通訳を入れさせろとか、議事録を全部ほしいとか、カネを出すから資料をよこせとか……時には日系二世みたいな男を使ってね。それは異常なばかりだったな」（中略）「（クラッターは）いったんは

OKと言ったんだ。ところが翌日、今度はドアの中から……、ドアを堅く閉ざしたままだよ、『悪いけど、自分の生死に関わることだから、どうしても受けられない。カンベンしてくれ。自分をそこまで追い詰めないでくれ。君たちのほうが、、、、正義だ』と、こういったんだ。弁護士が複数で行っているのだから間違いない」

——（中略）もしもアメリカ筋…、つまり、石井さんのいう〝ロッキード事件を一部に限定して処理しよう〟とする筋の圧力がかかっているのなら、最初からクラッターはNOというでしょう。それをいったんOKして豹変した。新たに何かすごく怯えていたということは……、新たな事態が生じた？

「うーん。とにかくロッキード事件というのは謎の多い事件なんだ。空恐ろしいばかりにね」「本来ならば、クラッターというのは最大の功労者のはずなんだ。あれだけ貝になりきっているのだからね。ところが、コーチャンの方はものすごく厚遇されているわけですよ。それこそライフ・エンプロイメント、一生保証されている。ところがクラッターのほうはロッキード社から解雇されている。この両者のすさまじい格差、これどう考えればよいのかね」

——うーん。どういうことなんですか。

「謎ですよ。しかし、日本のマスコミは、この驚くべき格差を全然追及していない。もちろん裁判もね。私は、このあまりにも大きな格差の中にロッキード事件の現在のデッチ上げの構図をぶっこわすカギが隠されていると思うな」

――それにしても、クラッターはなぜ解雇されたんだろう？

「それなんですよ。だからこそ私はクラッターに目をつけて秘かにアプローチしたのですよ。彼はわれわれの与《あずか》り知らぬ何かのタブーを犯した。だから裏切り者ということで解雇されたわけだ。それがいったい何なのか。なぜ裏切り者にされたのか。そのことを聞き出すだけでもロッキード事件の謎を解く糸口になると私は考えた」


この謎は現在でも解けないままです。しかし私は、これまでの長きにわたって見聞きしてきたことをすべて考え合わせて、必ずやそこには軍用機P3C調達に絡む利権問題が介在していることを、「予言」としてここに記したいと思います。そう遠くない将来、ロッキード事件に関する米国の公文書が白日の下に公開されたとき、私の予言の真偽も明らかになるでしょう。

丸紅の伊藤がロッキード社あてに書いたとされる領収書の「ピーナッツ」、「ピーシーズ」の暗号は、事件当時、子供が諳《そらん》じるほど有名なキーワードでしたが、その意味するところは、「ピー」すなわち「P３C」の生むであろう莫大な利権の「ナッツ(nuts)」すなわち「木の実」であり、「シーズ(seeds)」すなわち「種子」であったと、私は確信しています。

「陰謀」の構図

ここで、これまでに分かってきたロッキード事件の「陰謀」の構図を、相関図的に示してみたいと思います。

・まず米国においては、キッシンジャーという人物が力をたくわえ、大統領特別補佐官から国務長官にまで昇格し、ニクソンにしても、その後を継いだフォードにしても、外交はこの人物に託する体制が確立された。

・そのキッシンジャーは日中国交回復や資源外交を通じて日本の田中に対してかなりの苛立ちや警戒感、そして怒りを蓄積していた。

・当時、ロッキード社が全世界へ向かって民間機や軍用機を販売するために相当な賄賂を各国の首脳、政府高官に送っているという動きが表面化し、米議会で問題になっていた。日本だけでなく西ドイツ、イタリア、イギリス、フランス、トルコ、オランダ、スペインなどにも飛び火した。

・米国の政治資金規制の関係から、これらの資金が大統領選挙のために米国へ一部が還流したという噂もまことしやかに伝えられていた。

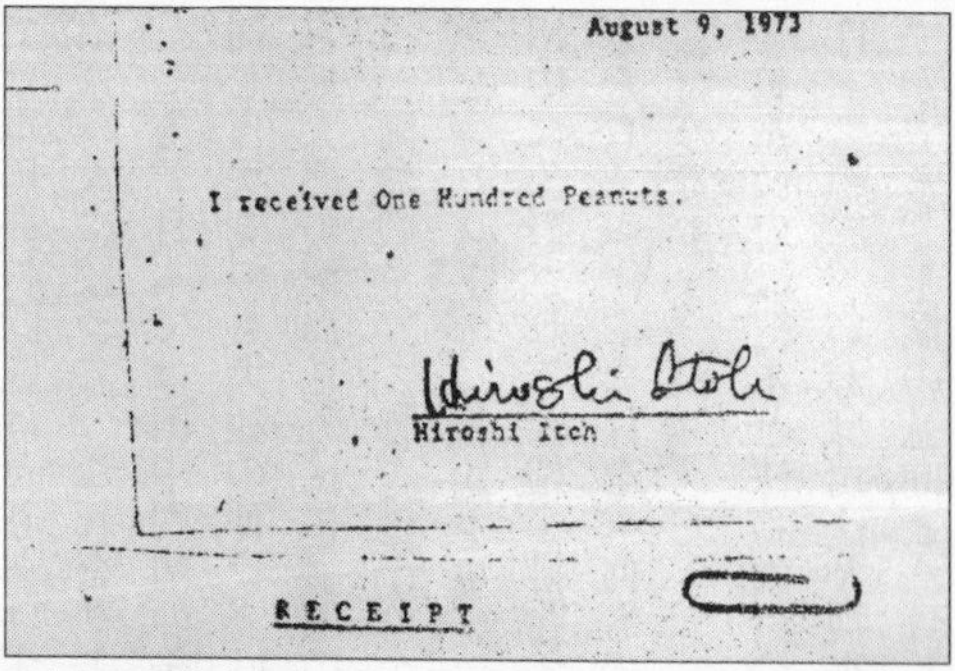
August 9, 1973

I received One Hundred Peanuts.

Hiroshi Itoh
Hiroshi Itoh

RECEIPT

丸紅の伊藤宏専務が書いたとされる「ピーナッツ100個」の領収書("I received One Hundred Peanuts. August 9, 1973 Hiroshi Itoh")

本来、この種の企業問題を調査するのは別の証券取引委員会（プロクシマイヤー委員長）で行うというのが、米国上院の通例だったのですが、ＣＩＡの元職員だったチャーチ上院議員が、民主党から大統領候補となるため全国的に名前を上げるという意図もあり、自分の委員会で取り上げることを主張し、それが実行されました。キッシンジャーを中心にした米国政府も、関係した各国に関しても、すべての情報をチャーチ委員会に集中して暴露するという方針に出ました。さらに国務省とＣＩＡ、チャーチ委員会が幾度かの事前協議を重ねた中で、日本に関しでは軍用機の問題はとりあげず、民間機トライスターの機種決定と田中角栄という政治家一人に絞って、これをターゲットにするという作戦が立てられていったのです。

一方、日本では田中内閣の後に三木武夫内閣が成立していましたが、三木と田中は同じ自民党でも犬猿の仲で、直前に行われた参議院選挙でも、三木が推す現職の久次米健太郎の徳島地方区に、田中が側近の後藤田正晴を強引に押し込むという、いわゆる「阿波戦争」（結果は久次米の勝利）での怨念も、三木にはありました。三木は、ポピュリストで、世論を追い風に「クリーン三木」を標榜《ひょうぼう》し、「諸悪の根源」として田中に象徴される金権を排除することを政府の大方針としました。そこに飛び込んできたロッキード事件を、何ものにも優先させ国政の中心課題に据え、その追及を開始したのです。

日本政府は三木と法務大臣の稲葉の指揮の下に、法務省、最高裁、東京地検、警察庁、警視庁、いわば司法と捜査機関が一体となってこの問題に取り組むという意思統一ができ、米国の意向と一致します。日米両政府の共通の目的を達成するため、このような「陰謀」が練られ、行動に移されたと私は考えています。

そこでコーチャンをはじめとするロッキード社の証人には、破格の免責を与えた上での嘱託尋問、つまり、日本の刑事訴訟法には存在しない違法な司法取引を行うことによって贈賄側の責任はすべて免訴されるという想像を絶するやり方を考えだして、喚問が行われました。日本からは三木がフォード大統領に親書を送ってまで、関係資料を送らせた上、検事を派遣し、米国の退役検事を使って日米共同の嘱託尋問、意見聴取が行われ、特別な調書を書き上げました。

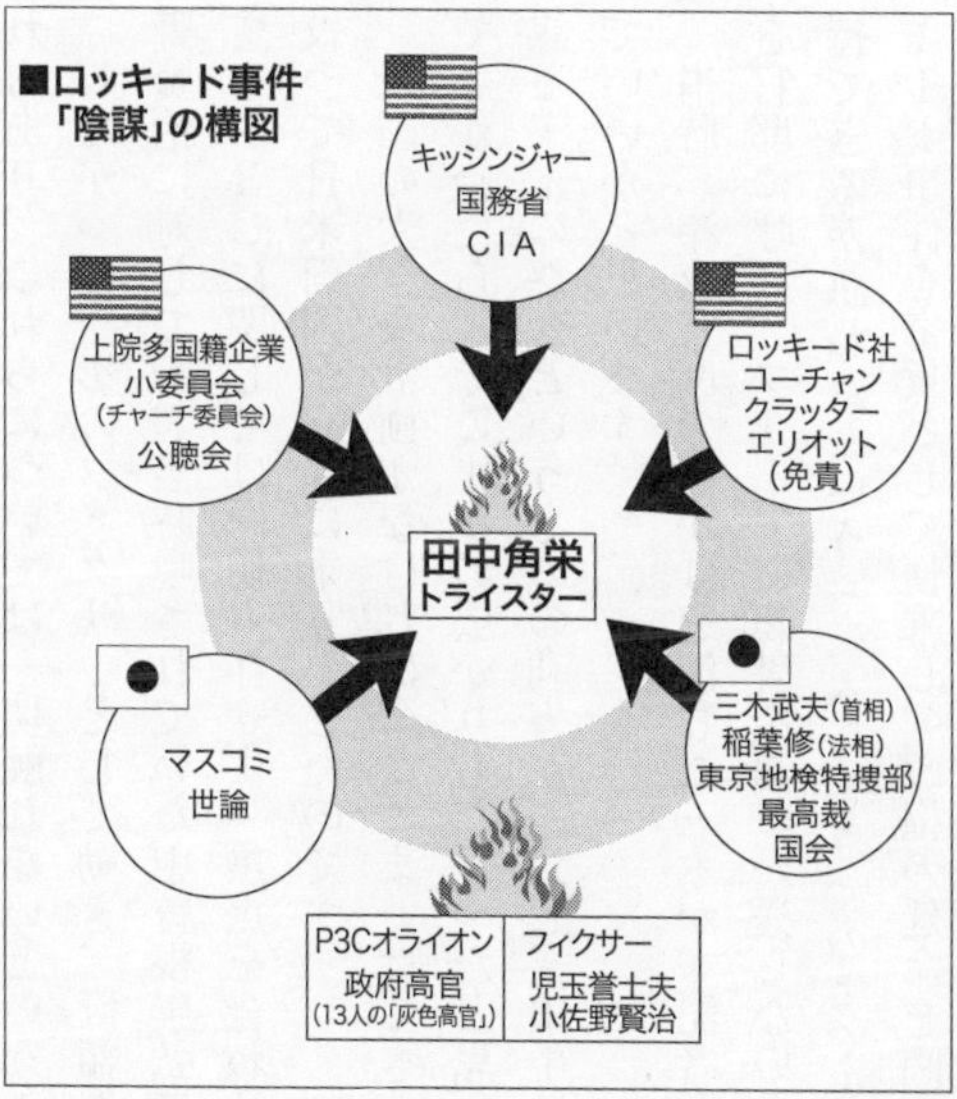

ロッキード社は民間機だけでなく軍用機を製造し、特にＰ３Ｃの日本への売り込みが日米間の貿易インバランスをただすための最重要課題だと言われていました。また、金額的にはトライスターよりＰ３Ｃの方がはるかに大きかったのですが、Ｐ３Ｃを取り上げるとなると、日米間の防衛汚職として、両国の安全保障体制を極度に揺るがす大スキャンダルに発展する恐

れもあり、これらについては一切触れないということになりました。

したがって、影のフィクサーとして動き、巨額な金員を手にした児玉誉士夫や小佐野賢治に対しても、当時噂されていた中曽根康弘ほか灰色高官とされた十三名に対してもP3Cに関しては一切立件せず、焦点を合わせるのは田中とトライスターのみに絞って日米両国が立件に乗り出したのです。

米国の大きな計画がなければ、ここまではできなかったし、日本の総理大臣が三木でなかったら、そこまでの広がりもなかったと思います。いわばキッシンジャーの陰謀と三木の怨念というものの利害が一致し、田中に対しての陰謀が実行されたと言っていいかと思います。

当時、深夜官邸の明かりを消した三木が、記者たちを帰した後、評論家の藤原弘達を官邸に呼び、フォードに親書を送るか送らないかで、どちらが自分の政権を長く維持できるか訊ねたという「三木らしさ」のよく表れたエピソードもあります。ロッキード事件を奇貨として便乗し、政権の延命を図った三木と、自分にかかわること以外には沈黙を貫いた田中との人間の本質の違いを感じさせる話です。

このようなことから、この相関図では、円の真中に田中とトライスターがあり、米国政府やチャーチ委員会、それに免責を受けたロッキード社などが四方八方からこれを攻めたて、これに日本政府、三木内閣、東京地検特捜部、さらにはマスコミや世論が加担し、あまつさえ司法の権威の頂点である最高裁までが加わってこの陰謀の実現に取り組み、P３Cの児玉や十三人の灰色高官は円の外にはずれているという構図になっているのです。

キッシンジャーが封印した外交文書

米国務省公文書館（Office of the Historian）のウェブサイトでは、米国の外交文書を閲覧することができるのですが、ニクソン―フォード政権における米国外交文書のうち、日本に関連した部分については、いまだに「機密解除を検討中（under declassification review）」で、その内容を読むことができません。これは慣行を破る異常なことだと言わなければなりません。

このことについて外務省に問い合わせたところ、通常、公開までの年数が二十五年であるべきところ、当該部分についてはキッシンジャーの指示で五十年とされた、ということを聞きました。「やはり」という思いがします。いずれ、近い将来、その内容が白日の下に晒されることを願って止みません。

ただ一つ、絶対の自信をもって言えることがあります。それは、半世紀にわたって封印せざるを得ないような重大な陰謀の秘密が、間違いなくそこに記されているということです。田中角栄の名誉を回復する鍵も必ずやそこから発掘されることを、私はここで予言しておきたいと思います。しかし、今からさらに十数年も先となれば、当時の関係者はキッシンジャーや私を含め、ほぼ皆、鬼籍に入ってしまっていることでしょう。

「ロッキード事件は間違いだった」

中曽根元総理の回顧録『天地有情』の一節に以下のような文章があります。

——「田中君は、国産原油、日の丸原油を採るといってメジャーを刺激したんですね。そして、さらに、かれはヨーロッパに行ったとき、イギリスの北海油田からも日本に入れるとか、ソ連のムルマンスクの天然ガスをどうするとか、そういう石油取得外交をやった。それがアメリカの琴線《ママ》に触れたのではないかと思います。世界を支配している石油メジャーの力は絶大ですからね。のちにキッシンジャーは『ロッキード事件は間違いだった』と密かに私にいいました」——

中曽根が、ここまで具体的に述べていることは、元総理の回顧録だけに、とても重大で、注目すべきことだと思います。このことは、キッシンジャーがロッキード事件を首謀したことの傍証になると思いますし、実際、すでに述べたように、私のアメリカでの調査でも、匿名を条件に、キッシンジャーの関与をほのめかす、じつに多くの証言を得ています。

中曽根元総理も、「キッシンジャーは、ロッキード事件の真相については、かなり知っていたのではないでしょうか」と同著に記しています。

高官になればなるほど、その人の立場もあり、キッシンジャーには米国の国務長官としての国益の追求という使命もあったことでしょう。国同士の利害は往々にして相反することがあり、この問題は、田中とキッシンジャーの個人的な相克ではなく、敗戦から立ち直った小国に権益を脅かされるのを米国が是としなかったことに起因するのです。キッシンジャーの善悪ではなく、私にとって重要なことは、事件の真相がどこにあるのか、という一点に尽きます。

さて、回顧録での中曽根の発言より、もっと直接的にキッシンジャーから核心的な答えを引き出したジャーナリストが、じつは存在したのです。

「彼はオフコースと答えた」

文明子女史は、日本での留学経験もあり、米国籍をもつ韓国系のジャーナリストで、私が自民党アジア・アフリカ問題研究会（ＡＡ研）の事務局長を務めていた時代に宇都宮徳馬代議士にはじめて紹介されて以来、平成二十年（二〇〇八年）に七十八歳で亡くなるまで、親しく交流していた人物です。

昭和三十六年（一九六一年）に朝鮮日報の初代ワシントン支局長として米国での生活を始め、昭和四十八年の金大中事件を契機にＫＣＩＡによる逮捕を逃れるため米国に政治亡命しました。昭和五十五年には米国女性記者団長として中国を訪問し、当時の鄧小平副首相へのインタビューに成功しています。

加えて平成四年（一九九二年）と六年、十二年に北朝鮮を訪問し、金日成主席とも、また外国人にとって、父親よりも面会が難しかった金正日総書記とも単独で会談することに成功しました。米国女性記者協会長、米国記者協会理事を歴任するなど、米国の言論界で重要な役割を担った稀有な女性で、私とは特に、金大中事件の頃から議員会館の部屋へしばしば出入りして、情報交換をしたりしていました。

米国と各国を飛び回り、日本へも頻繁に来ていた、じつに活発な女性でしたが、貴重でニュース性の高い情報をしばしば全世界に発信してきた彼女から、ある時、私は驚くべきことを聞かされました。

昭和五十一年（一九七六年）、大統領専用機の中で、国務長官のキッシンジャーと同行記者団が非公式会見を開いた時、記者たちに田中の政治家生命は「長続きするか」と問われたキッシンジャーは、あたかも財閥グループのオーナー会長が、サラリーマン社長をくびにするような簡単な口ぶりで、「田中程度なら、いつでも取り替えられる」と答えたというのです。

平成12年６月30日、北朝鮮の元山で金正日総書記（左）と初の単独会見を行った文明子氏

キッシンジャーは言葉を続け、「彼はあまりにも生意気だ。米国の後を追って日中関係を改善する程度ならよいが、米国を差し置いて日中関係を改善してしまった」とも言ったというのです。台湾との関係を保持し、中国との関係に「地雷」を残した米国に対し、中国との国交正常化を契機に台湾との

断交に踏み切った日本の手際の良さが米国の癇《かん》にさわったことを如実に物語る発言です。

彼女は十二支にまつわる故事を引き、「牛の背に乗ったねずみが到着寸前に牛の頭から飛び降り、牛に先んじて到着した」と形容しました。大国である米国を牛、小国である日本をねずみにたとえるとは、いかにも辛らつな彼女らしい表現ですが、たしかに、日本が米国を出し抜く格好になりました。特別機の中での同行米国人記者だけの気楽な囲み取材であるだけに、これをキッシンジャーの本音と考えても、あながち間違いではないでしょう。

さらには、彼女がキッシンジャーに、「ヘンリー、ロッキード事件もあなたが起こしたんじゃないの？」と問うと、なんとキッシンジャーは「オフコース（もちろんだ）」と答えたというのです。文女史は、その時のキッシンジャーの表情と抑揚は忘れることができない、と私に語りました。

彼女の語ったことのもつ意義はあまりに重大です。後年、彼女はこのことを日本で出版した著書『朴正熙と金大中』でも、牛とねずみのたとえも含めて述べています。それに対してどの筋からも抗議のないところを見る限り、キッシンジャーの吐いた言葉こそ、深層の奥底に隠れていたロッキード事件の真相の一端を物語っているのではないでしょうか。

キッシンジャーに失脚させられた、もう一人の人物

文女史の著書は、「キッシンジャー国務長官『田中程度ならいつでも替えられる』」と題したページの同じ場所に、続けて平成四年（一九九二年）の金丸信《かねまるしん》元副総理の失脚のことも記しています。北朝鮮との国交正常化を寸前で頓挫させた金丸の「政治資金問題」での陰のキーマンを考えたとき、彼女の脳裏には「ロッキードで田中を葬ったキッシンジャーの顔が浮かんだ」という、たいへんに意味深長な逸話も紹介されています。

本書の主題からそれますが、この問題は私自身も深く関与した、重要な外交問題でした。

海部俊樹内閣時代の平成二年九月末、田中はすでに病に倒れていましたが、「近くて遠い国」北朝鮮との国交正常化の機運が高まりを見せたことがありました。田中に代わって自民党の実力者となっていた金丸が自民、社会両党代表団、いわゆる「金丸訪朝団」を率いて北朝鮮を訪問したのです。

当時、日朝関係は社会党の田辺誠委員長が窓口になっていました。その田辺がある

日突然、国会対策委員長同士として親しかった金丸を誘いました。直接の目的は北朝鮮に拿捕《だほ》されていた第十八富士山丸の紅粉勇船長と栗浦好雄機関長を連れ戻すということでした。当時、日朝議連の会長を務めていた関係から、私もこの訪朝団には事務総長として同行し金丸を補佐してすべてを仕切りながら、その経緯の一部始終をこの目で見てきました。

訪朝三日目の九月二十六日になって、金日成主席が突然、「金丸と二人だけで話をしたい」と言ったため、妙香山という山の中の立派な招待所に金丸だけを残し、田辺や私たち約百名の日本の代表団は平壌に引き揚げさせられました。田辺は自分が外されたことでたいへん怒っていましたが、この「金・金会談」で、金日成は金丸に対し、突如、何の前ぶれもなく日朝の国交正常化交渉の開始を提案したのです。

金丸はこれを受け、九月二十八日に平壌で自民、社会両党と朝鮮労働党の三党間の共同宣言を発表しました。金日成が北朝鮮の首領として初めて来日し、金丸の選挙区である山梨の富士山麓で正式に国交正常化の調印式をするということまで、下話として決まっていました。

金日成としては、韓国に「漢江の奇跡」をもたらした、昭和四十年（一九六五年）の日韓基本条約に基づく、無償三億米ドル、有償二億米ドル、民間融資三億米ドルの経済協力支援の形での戦前の植民地支配への事実上の賠償金と同様の資金援助を、切望していたのです。

そこで日本の政治を調べ上げ、当時の最高の実力者は金丸であり、彼と交渉すれば日本政府と話がつくとみて、田辺を通じて連れて来させ、一気に決着をつけようとしたのです。私も金丸に、これはすごいことになると進言しました。「吉田の講和、佐藤の沖縄、田中の中国、そして金丸の北朝鮮。これであなたの名前は永遠に歴史に残りますよ」と。

平成2年9月、北朝鮮を訪問し金日成主席(右)と会談する金丸信元副総理

しかし、意気揚々と帰国したものの、たった三日で日朝の国交正常化は頓挫してしまいました。日本政府も米国と韓国が反対し、党同士の約束で、政府間のものではないとの見解を出さなけ

ればならない破目になり、金丸は、謝罪のために韓国を訪問しました。米国の反対は想像をはるかに超える強いものでした。金丸に「どう申し開きするのですか」と聞いても、「申し開きする場もないんだ」と言うばかりでした。

金丸訪朝の当時、米国は北の核開発の凍結を目指し、韓国とともに北朝鮮に圧力を加えていました。日本の柔軟な対北朝鮮政策への転換が米韓にとって障害であったことは明らかです。その後、金丸の政治資金問題を執拗に追及して失脚に追い込んだ勢力の背後に、田中の時と同様、キッシンジャーの影がちらついたという彼女の着想には、私も大いに賛同するところです。

第五章

何がオヤジを「闇将軍」にしたか

判決の日の激怒

初公判から七年近くが経過した昭和五十八年（一九八三年）十月十二日、東京はきれいな秋晴れに恵まれていたように記憶しています。朝、ロッキード事件の判決公判のため、東京地裁に出かけるオヤジの表情も晴れやかでさわやかなものでした。目白の私邸には田中派の国会議員の面々が集まり、一同で朝食をともにした後、皆でオヤジを見送りました。

私の手帳の記録によると、その顔ぶれは順不同に、田村元、金丸信、原田憲、久野忠治、山下元利、小渕恵三、世耕政隆、佐藤信二、佐藤守良、大村襄治、長田裕二、上田稔、亀井久興、小沢辰男、小宮山重四郎、石井一、これに早坂茂三秘書を合わせた十七名でした。

無罪となることを寸分も疑っていないオヤジは「諸君ありがとう。行ってくる」と

昭和58年10月12日、東京地裁での判決公判のため目白の私邸を出るオヤジ

元気よく出かけていきました。娘の眞紀子が玄関にひょっこり出てきてネクタイを直し「パパ、今日は全国のテレビに映っていますよ。それで威張ったり、せっかちになって急いだりして、階段から落ちるなんてことしないでよ。冷静になってくださいよ」と声をかけたのをよく覚えています。

オヤジから眞紀子のことは、それまでにもよく聞いていましたが、私が直接会ったのはこのときが初めてでした。なんといいますか、おてんば娘独特の弾けるエネルギーと、父親譲りの不思議なオーラのようなものを感じたことを覚えています。

東京地裁へと向かう車の中で、オヤジは、隣に座っていた早坂秘書のひざを叩いて、こう言ったそうです。

「おい、お前にも苦労させてきたけど、今日から楽にさせてやる。大丈夫だ、安心しろ」

言いながらにっこり笑った、と早坂秘書は自身の著書『早坂茂三の「田中角栄」回想録』で述懐しています。

ところがその数時間後、裁判所から帰ってきたオヤジは噴怒に満ちた阿修羅のような形相をしていました。何しろ懲役四年、追徴金五億円という思わぬ実刑判決だったのです。空にはバタバタと取材ヘリコプターの音が響いていました。自宅事務所の奥に新築した会議室にわれわれ国会議員だけを入れ、オヤジはとうとう演説を始めました。

「これまで散々な辛苦に耐えてきたけれど、この仕打ちだけは許せない。私人であれば、どのような濡れ衣を着せられても我慢する。しかしながら、総理大臣経験者としての私が、このような罪を、このような形で受けることは、国民に申し開きのしようがなく、日本国の総理大臣たるものの名誉にかけて許せない」

この間、目白に集まる田中派議員の数はどんどん増えていき、最後には五十名を超える議員が集まりました。オヤジの涙ながらの訴えは一時間を超えました。

「もうすぐ選挙だ。オレのことが選挙の邪魔になるというのなら、離れていっても結

昭和58年10月12日、判決を受けて東京地裁を出るオヤジ

構だ。しかし選挙は必ず勝て」とわれわれに熱い檄を飛ばしました。

締め出したマスコミに対しては「所感」を発表しました。当時の新聞によれば、

①本日の判決は極めて遺憾である。

②内閣総理大臣の職にあったものの名誉と権威を守り抜くため、今後も不退転の決意で闘い抜く。

③命ある限り、国民の支持と理解がある限り国会議員の職責遂行に微力を尽くしたい。

――という三項目から成るものでした。

有罪なら、国民への謝罪や議員辞職もあるべきだと期待していたマスコミの目には意外な居直りと映ったようです。翌日の新聞は辞職を求める声であふれ、街頭には「角栄御

用」と書いた提灯を持った人たちによるデモまであったそうです。

しかし、事件にはまったく身に覚えがないというオヤジがこれによって辞職するわけはありません。逆にこの判決により、司法に対する闘争をはっきりと決意したのだと思います。同時にこれまでよりさらにがむしゃらに田中軍団を増やし、政界への支配を強めようとしました。というのも、復権を果たし再び政権の座につくことでしか、身の潔白を示すことはできないと、オヤジはこのとき強く思い至ったからです。

約七年間、百九十一回の公判に及んだ一審の裁判に一度も休まず出廷し、関係者の証言に耳を傾けてきた田中本人にとっては、法廷での証人の発言は概ね田中に対して好意的なものに聞こえました。これでなぜ有罪の判決が下されるのか、理解に苦しんだことだと思います。

実際、オヤジの心情とマスコミに代表される当時の過激な「反角」の世論との間には、あまりに大きな乖離があり、法廷で吐露された各人の心の叫びのような証言も、半ば強制的に採られた検面調書の証拠能力を覆すことにはなりませんでした。オヤジの悔しさを思うと、私も無念でなりません。

キングメーカーの本領発揮

総理の座から退いた後、自民党も離党して無所属議員となったオヤジは、自民党席から遠く離れた本会議場の前列に独り寂しく座っていましたが、内閣総理大臣の権威を地に落とした司法制度あるいは検察組織との終わりなき密かな闘争のため、有罪判決を受けたあの日から、気の狂ったように派閥の拡大を行いました。それまでも党内最大派閥で概ね八十名ほどだった田中派を、病に倒れる直前には倍近くの百五十名近くにまでしてしまいました。

■田中が病に倒れた昭和60年当時の自民党各派閥所属議員数

派閥	衆議院	参議院	合計
田中派	87	55	142
鈴木派	59	29	88
中曽根派	61	23	84
福田派	56	27	83
河本派	28	6	34
無派閥	15	3	18

政治家であれば誰でも分かることですが、派閥の人間を増やすにはどれだけの説得力と財力を必要とすることでしょう。誰しも自分の政治生命がかかっていますから、一審有罪の田中派に加わるには相当の覚悟と決断を要します。その中で派閥を倍増させるために、おそらくオヤジは想像を絶する執念を燃やしたことでしょう。これは並大抵の政治家にできることではありません。

しかし、これによって、万年政権与党の自民党で田中派の支持なしには内閣総理大臣にも、閣僚にもなれない体制を築いたのです。まさに、キングメーカーの面目、自分の意のままに政権を動かしてみせるという執念に他なりません。誤った判断を下した司法制度のあり方を政治の力で正し、あるべき姿にしようと、オヤジは必死だったのではないでしょうか。

田中内閣退陣後の三木内閣における反田中の稲葉のあとの歴代法務大臣は、福田一（福田内閣）、瀬戸山三男（福田改造内閣）、古井喜實（第一次大平内閣）、倉石忠雄（第二次大平内閣）、奥野誠亮（鈴木内閣）、坂田道太（鈴木改造内閣）と続き、検察、司法のロッキード事件の処理を「壮大なゼロ」と呼び、三木内閣の失政を批判した秦野章（中曽根内閣）に至るまで、すべて親田中の人たちで占められています。田中の断固たる決意と意思の表れに他なりません。

そこには最大派閥を率いる田中の、本会議場とは別の顔がありました。大平しかり、鈴木しかり、中曽根にしても、田中軍団の全面的な支援がなければ、総理となり五年も政権を維持することはできませんでした。当時のマスコミはそれを「田中曽根内閣」と揶揄したものです。

復権を狙っていた田中は、自分の派閥からあえて総理候補を立てず、ひとを担いでそこに大きな影響力を発揮し、影で政権与党に君臨したのです。総理やら大臣になりたい政治家はぞくぞくと「田中詣で」をしました。そこでオヤジが成そうとしたこと、非情かつ尋常ではない政治力を行使し、「闇将軍」と呼ばれてまで顕示したかったことは、自らに冤罪の汚名を着せ、また総理大臣の権威を失墜させた者たちへの反撃の決意であったのです。

大平擁立で始まった自民党本格支配

政治や自民党への闇支配というのは、オヤジがロッキード事件で起訴された昭和五十一年（一九七六年）の福田内閣のときから始まります。福田内閣は田中支配と言われるほどではなく、かなり独自性を持っていたのですが、それだけ田中にとっては油断できず、日中国交回復を一緒にやった長年の盟友、大平正芳の内閣を強引につくりました。昭和五十三年（一九七八年）十一月の自民党総裁選挙のことです。

この総裁選で自民党は初めて全党員が参加できる予備選方式をとりました。まず百五十一万人の一般党員と十八万の党友が投票をし、都道府県ごとに得票に応じて各候補が「持ち点」を獲得します。本選挙ではこれに国会議員の票をプラスして当選者を決める、という方式でした。

福田は現職の総理大臣ですから、当初は党員票でも圧勝すると見られていました。

ところが大平を推す田中は、自派の議員と秘書軍団を総動員し、全国で総力をあげてこの総裁戦に臨み、結果的にそれをひっくり返したのです。

当然、金も使いました。私は兵庫県だけでなく、近畿と四国の担当で、各県の県会議長、市議会議長やその他の有力者のところを徹底的に戸別訪問しました。予備選の結果、持ち点は大平正芳七百四十八、福田赳夫六百三十八、中曽根康弘九十三、河本敏夫四十六となりました。福田は記者会見で「天の声もたまには変な声がある」という有名なセリフを残して本選挙を辞退し、大平内閣誕生となりました。

これ以来、田中は病に倒れるまで六年余りにわたって、目白や砂防会館の事務所から実質、首相官邸を支配することになるのです。しかし、福田派を中心に三木派、中曽根派のいわゆる反主流派はこれに強く反発し、自民党内に深刻な亀裂を招いたのです。その亀裂が最も強まったのが翌五十四年十月七日の総選挙後のいわゆる「四十日抗争」でした。

総選挙で自民党は二百四十八議席と、結党以来の大敗を喫しました。このため反主流派は大平首相の辞任を求めましたが、田中軍団をバックにした大平はこれを拒否しました。田中派の長老だった西村英一副総裁が「調停」に当たったのですが不調に終わり、十一月六日に行われた首相指名投票には自民党から大平と福田の二人が立候補するという前代未聞の事態となりました。

衆議院の第一回投票では大平と福田の差はわずか十票で決選投票になりましたが、新自由クラブの支持を得た大平が十七票差という薄氷の勝利で首相になりました。その後も党役員人事をめぐってもめ、反主流派から中曽根派の桜内義雄を幹事長、福田派の安倍晋太郎を政調会長に起用し、これに主流派から鈴木善幸を総務会長に加えて三役とすることでとりあえずの決着をみたときは、総選挙から約四十日も経っていました。

それでも自民党内の亀裂は収まらず、翌五十五年五月十六日、社会党など野党が提出した大平内閣不信任案が可決されてしまいました。反主流派のうち三木派と福田派の大半が衆議院本会議を欠席したからです。

このとき私は、衆議院の議院運営委員会（議運）の理事を務めていました。私は、院内の議運の部屋と反主流派がたてこもる第一議員会館の第一会議室との間を何度も往復し、福田派の議運理事、三塚博に本会議出席の交渉をしたのを覚えています。二度、三度と本会議の開会を遅らせて反主流派の参加を促し続けたのですが、彼らは応じません。しびれを切らした大平首相は、ついに本会議開会のベルを押すことを私に命じました。

本会議は福田派六十九名の欠席で開会され、不信任案は可決されてしまいました。佐藤昭の著書『私の田中角栄日記』によれば、翌日、狼狽した大平から田中に何度も電話が入ったそうです。

「兄貴、兄貴、どうしよう。どうしたらいいんだろう」

「君は座して死ぬつもりか。解散だ、解散だよ。打って出るんだ！」

こうして、大平首相は五月十九日に衆議院を解散し、六月末に予定されていた参院選との同日選挙へ突入しました。心労が重なったからでしょうか、選挙演説の第一声をあげた直後に体調不良を訴えて入院していた大平首相が六月十二日に心筋梗塞で急死して流れは一変し、衆参とも自民党が圧勝をおさめて、大平派の後継者だった鈴木善幸が新しい総裁、首相となりました。鈴木は、長年にわたり党の総務会長を務め、有能な調整役との評価のあった政治家ですが、まさか首相になるとは、誰も想像していませんでした。しかし大平首相の突然の逝去後、直ちに田中の主導で総裁選挙を省略して鈴木が総裁に「指名」されたのでした。

オヤジの本会議場の議席を替える

ところでこの間に私は、オヤジを部分的に「復権」させることに成功しました。それは衆議院本会議場での議席のことです。やや脇道にそれますが、こんなこともあったのです。

オヤジは起訴された後、毎週水曜日に東京地裁の第七〇一号法廷で開かれる公判と、それに先がけ毎週月曜日に砂防会館の田中事務所で行われる田中弁護団の打ち合わせには必ず出席していました。それ以外は、事務所の自室か目白の自邸から永田町全体をコントロールしていました。多くの議員や官僚の出入りは頻繁にありましたが、田中自身が公式の政治の場に姿を現すのは、本会議への出席だけでした。

本会議には必ず出席していましたが、離党し無所属でしたから、議席は議長席からみて左側、野党席の端の前列近くでした。つまりオヤジは、与党の自民党席からは一番遠く、野党の新人議員と同じような席にポツンと寂しく座っていたのです。総理大臣経験者であるのに、それでは気の毒ですし、礼を失すると、かねがね私は思っていました。そこで五十四年十月の総選挙の後、引き続き議運の理事を続けていた私は、この機にオヤジの議席の場所を替えようと思い立ったのです。

議院運営委員会は、衆参両院に設置される常任委員会の中でも予算委員会と並ぶ最も重要な委員会とされ、その所管事項は、議席の決定、本会議の日程の決定、各委員会の設置と委員の指名、全法律案の委員会付託、控室の割り当てなど、議院の運営に関する協議のほかにも、議員の海外渡航の許可や外国賓客の受け入れ、院派遣、国会図書館の運営や院内警備に関する事項など重要かつ多岐に及びます。委員長、各理事には、院から各々に公用車もあてがわれます。

当時の議運のメンバーは十一名で、委員長が亀岡高夫（田中派）、理事は増岡博之（大平派）、松永光（中曽根派）、石井一（田中派）、森美秀（三木派）、三塚博（福田派）、山口鶴男（社会）、広瀬秀吉（社会）、山田太郎（公明）、東中光雄（共産）、西田八郎（民社）でした。

自民党の理事は各派閥の代表で、五大派閥から一人ずつ送られてくる当選四、五回の中堅実力議員で構成され、野党からはだいたい当選六回以上のベテラン議員が選ばれてくるのが常でした。また、自民党は筆頭理事が党を代表して発言するのが通例でしたが、この時の自民党の増岡理事は人望はあるもののたいへん寡黙な人で、私が筆頭に代わり党を代表する発言者となっていました。

ただ、何といっても本会議場の議席は長年の慣例もあり、そう簡単に変更のできるものではありません。いろいろと一人で思いを巡らしました。本来は無理なことを通すためには、事前に野党に十分な根回しをしなければならないところですが、議席の変更を事前に協議などしようものなら、各党持ち帰りとなり、「本国」（各党本部）に

■オヤジの本会議場の議席を替える（衆議院、昭和54年第89回特別国会）

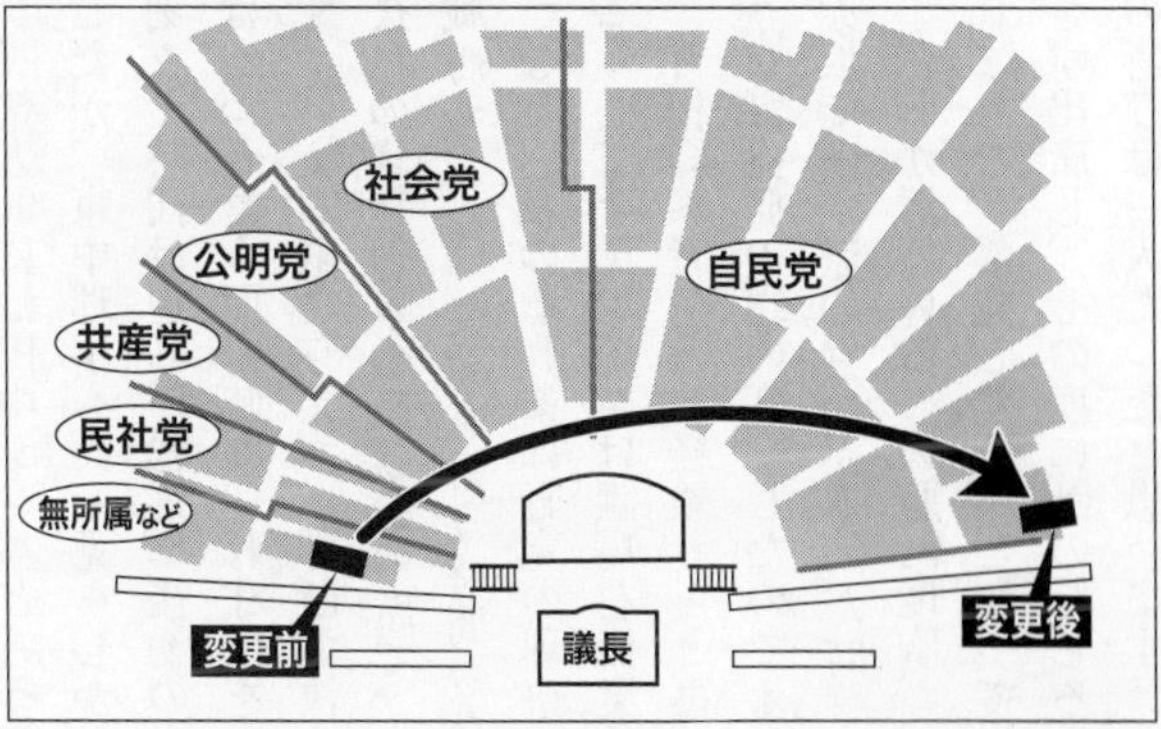

潰されることは、火を見るより明らかでした。

私は意を決し、議運の理事会の場で「トタ」で提案することにしました。

「自民党系無所属議員の議席を議長から向かって左側の手前から右側の上の方へ変更してほしい」

すべての議事が終わって散会直前、本会議の予鈴の鳴る寸前に、私は、意を決し提案しました。この時、亀岡委員長にだけは事前に、私が提案したら即座に引き取って決定してほしいと頼んでおきました。亀岡委員長は「そんな難しいことできるかな」と首を傾げていましたが、しかし案外、野党の理事も私の意図することを理解してくれました。

山口、広瀬、山田、西田の各野党理事は、それぞれの党の実力者で議運の常連メンバーでしたが、個人的には田中シンパという側面もありました。共産党だけは厳しいかと思いましたが、東中理事も共産党らしからぬ柔軟性を持ち合わせた人でした。

刻々と時間は迫り、総選挙後初の本会議まであと数分という切羽詰まった時間に、私はあっと言う間の時間切れ寸前を狙ってオヤジの議席を変更することに成功したのです。考える暇を与えず、即断で決めさせてしまったのです。

後日の議運理事の懇談会の席で、この時の話になりました。「ピンさん、あんたの作戦勝ちだな。文句を言う時間もなかった」「角栄先生から礼を言われて恐縮したよ」など、私の離れ業に野党の理事の話題が集中しました。

こうしてオヤジの席は議場右側奥の自民党席の真横になりました。しかも一番後ろで、首相経験者や議長経験者らと再び同列に並んだわけです。それまでが離れ小島のような野党側の端の席でしたのでオヤジはすごく喜びました。

赤坂で田中派の宴会があった時、「俺の議席を替えるという粋な計らいをした議運理事がわが派にいる。大した度胸だ。欣快に堪えない」と言い、相好を崩して喜んでくれました。離党し無所属となって以来三年間、議員の務めだとして本会議だけは欠かさず出席し、その度に針のむしろに座らされるような辛さに耐えていたのですから、その喜びは一入《ひとしお》だったと思います。いつにない笑顔をのぞかせたオヤジを見て私も涙が出るほどに嬉しかったことを、今でもはっきりと覚えています。

総理を逃した河本敏夫

鈴木内閣は昭和五十五年（一九八〇年）七月に発足したのですが、総裁選挙を目前とした五十七年十月、鈴木首相が突然辞意を表明しました。首相就任以来、鈴木は党内融和と行革推進を図り、その「和の政治」はその後の自民党内の派閥争いにも大きな影響を与えましたが、一部マスコミからは、「史上最悪の内閣」「角影内閣」「暗愚の宰相」と揶揄されていました。

総理としての執務の重圧からか、田中に事前の相談もなく、家族の反対にあったとかで鈴木総理は投げ出すように辞めてしまい、自民党にとっては久しぶりの総裁選挙で大騒動になりました。

この時の総裁選に名乗りを上げたのは中曽根康弘、河本敏夫、安倍晋太郎、中川一郎の四人でした。その中で河本が出身校の日大票を中心に党員票をたくさん持っているという噂がありました。田中は三木の影が濃い河本ではなく、大平内閣不信任案の折に欠席せず反対に回った中曽根を最初から支持するつもりでした。

総裁選を控えたある晩、私は田中から「すぐに来てくれ」と目白に呼びだされました。夜の八時過ぎだったと思います。田中は「今、総裁選をやって政治の空白を生むより、（三木、福田、大平、鈴木と）二年、二年でやってきたのだから、中曽根に二年やらせたら次は河本にする。お前、河本に総裁選を辞退させて来い」と私に言いました。

「（中曽根政権になれば）副総理で大蔵大臣だ」と条件をつけました。私は同じ兵庫県選出ということで河本と親しく、次章で詳述するように、それ以前に軽井沢のゴルフ場で田中と河本が一緒にプレーするのを仲立ちしたこともありました。

また、私は昭和五十五年十一月に、関西新空港として泉州沖に対抗し神戸沖空港案を発表しました。当時は大阪の財界を中心に泉州沖を推進していましたが、あまりにコストと時間を要しますし、アクセスも悪いので「石井私案」という形で、神戸沖を提案したわけです。これは内外から大きな反響を受け賛成者も続出して一挙に有力な候補地として浮上しました。航空審議会では泉州沖を正式に答申していましたので、運輸省は難色を示しましたが、コスト面から大蔵省は賛成でした。

政治家では田中角栄、田中六助自民党政調会長、渡辺美智雄大蔵大臣らが、内々に神戸沖案支持を私に伝えてくれました。地元選出の河本敏夫は、宮崎辰雄神戸市長と旧制姫路高校（現神戸大学）の同窓生でもあり、神戸沖空港推進の中心人物でした。

私の実弟で参議院議員の石井一二が河本派に属していたこともあったので、総裁選での「河本おろし」に私が適役と判断されたのでしょう。

夜も更けていましたが、早速、東京・三田にある河本のマンションを訪ねました。念願「河本先生、田中のオヤジがこう言っています。田中は言ったことは守ります。田中軍団の総理になれますよ。総裁選で勝てると思っておられるかも知れませんが、田中軍団が中曽根についていたら容易じゃないですよ。ついでに言ったら、神戸空港もこれで決まりです。やりましょう」と説得しました。

河本はじっと話を聞き、大いに興味を示した後、「うーん、なぜもっと早くこういう話が来なかったのか」と唸りました。

「選挙が始まるまでにはまだ時間があるじゃないですか。オヤジは今夜この場で返事をもらって来るのを目白で待っています」と私がたたみかけると、「返事はどうしても今夜でないといけないのか」と言うと「ちょっと待ってくれ」と思案しながら席を立ち、隣の部屋で電話をかけ始めました。

その間、十分か十五分くらいだったでしょうか、ずいぶん待たされたような気がしました。お茶や菓子を持ってきてくれた奥方に、「ドアを開けておいてください」と頼んだことを覚えています。がんばって耳を澄ますのですが、会話の内容までは分かりません。推測するに、三木や福田と話したのでしょう。

私の待つ部屋に戻ってくると、河本は、半ばあきらめたように、半ば残念そうに「せっかくの元総理のご提案だけど、この時期に受けるわけにはいかない。残念だ、少し遅かった。今となっては、どうにもならない」とつぶやくように言いました。

しぶしぶ目白に引き返し、熱燗を飲みながら待っていたオヤジに報告すると、「分かっておる。分かっていた。これで仕方ないんだ。河本は運のないやつだ。せっかく総理にしてやろうと思ったのに」と言っていました。

その翌日から田中はものすごい勢いで中曽根陣営の支援態勢に入りました。全国の知事や市町村長、県会議長や有力な地方議員、会社経営者といった後援者らに直接電話をかけ、「中曽根で行くよ。頼んだぞ」と声をかけたのです。田中派の議員全体にも大号令をかけ、党員票を遮二無二集めて、議員の押さえにかかりました。私は、「コンピューター付きブルドーザー」の異名を取った田中の威力を目の当たりにしました。こうして、たちどころに中曽根勝利への支援体制が築き上げられていきました。

結果は党員票が五十万対二十万と二位の河本に大差をつけ、本選挙では見事、中曽根政権を実現させました。組閣にあたっては自らの懐刀と言われた後藤田正晴を官房長官に送り込み二階堂を幹事長に指名させるなどして、「田中支配」を完成させたのです。このため中曽根政権はマスコミから「田中曽根内閣」とか「直角内閣」とか揶揄されましたが、中曽根自身、「そう言われても仕方ない。田中のおかげで首相になったのだから」と言っていました。

議員辞職勧告を断固拒否

昭和五十八年（一九八三年）十月十二日の有罪判決が出た後に起きたのは、田中に対する議員辞職勧告騒ぎです。というよりも、この年は、世論やマスコミによる「田中辞めろコール」一色の異常な年だったと言えます。

「カラスの鳴かない日はあっても、田中の悪口を書かれない日はない」と言われ、田中本人も、「俺は今、おろし金でおろされている毎日だ」と嘆いていました。

実は野党は論告求刑があった直後の二月九日にはもう、辞職勧告決議案を衆議院に提出していました。さすがに与党側は「まだ判決で有罪となったわけではない」として、議運で本会議上程をしぶり、引き延ばしてきたのですが、判決が出ると、もうどうしようもないという空気になりました。

新聞の世論調査で「辞職は当然だ」という意見が八割だの九割だのと伝えられると、自民党内にも辞職論が高まってきます。与党だろうが野党だろうが、常に選挙を意識するのは昔も今も一緒です。特に当時、反主流派を率いていた三木、福田の両元総理は「田中が辞めないと自民党政権はもたない」と言うようになりました。

まず判決から九日後の十月二十一日には三木と中曽根総理が官邸で会談。三木は「政局安定のため、リーダーシップを発揮してほしい」と、田中の首に鈴をつけるよう中曽根に要求します。さらに十月二十八日の朝には、福田の後ろ盾の岸信介元総理が突然、目白の田中邸を訪問、日米安保条約承認後の自らの辞任を引き合いに出し、「身を引いてはどうか」と勧めました。

しかし田中は忠告に感謝しつつも断りました。そしてこの日午後にはついに、ホテルオークラで中曽根と田中が二人だけで二時間にわたって膝を突き合わせ、「差し」で会談したのです。

中曽根の『天地有情』によりますと、昭和二十二年に初当選し、日本の栄光をともにしてきた仲間として、「世論の動向、党内の空気から見ると、ここで田中君が大悟一番して、自分で進退を決めることが一番いい結果を生む。きみの将来のいろんな問題については、私も責任を持って守っていく」と語り、「田中君も涙を流して、私も涙を流して」話をしながら、中曽根は精一杯、辞職を促す説得をしましたが、それでも田中はついに「イエス」と言いませんでした。

田中は会談後「私も自重自戒、国民各位の期待に応えるべく、全力を尽くしてまいります」という、いわゆる「自重自戒」談話を出し、今後の派閥活動を控えることは示唆しましたが、議員辞職は断固拒否しました。

田中が絶対に議員を辞めようとしなかったのは、一つには「自分は絶対に無実だ。今辞めたら有罪を認めることになる」という信念があったこと。もう一つは、マスコミや世論に辞めさせられてたまるか、という意地がありました。自分は選挙でこれだけの票を取ってきたのだ、これで辞めたら投票した選挙民を裏切ることになる、ということです。

実際、田中はロッキード事件で逮捕された後の昭和五十一年の総選挙では十六万八千票余りという大量得票により新潟三区で十二回目の当選を果たします。次の昭和五十四年十月には、二万七千票減らしながらも得票数トップの十四万一千二百八十五票で十三回目の当選、昭和五十五年六月の衆参同日選挙も、十三万八千五百九十八票でやはりトップでの当選でした。これでは辞めるわけにはいかない、というわけです。

ちなみに、この時、となりの新潟二区の稲葉修は、次点で落選しています。被告人の田中はトップ当選で、法務大臣だった稲葉は落選でした。選挙とはそういうものです。

さらに有罪判決を突きつけられた直後の昭和五十八年十二月十八日の総選挙では前

述のように、自民党が大敗、田中派現職がそろって苦戦する中で、史上空前の二十二万七百六十一票を得て、連続十五回目の当選を果たしました。新潟三区全有効投票の四六・六五%という中選挙区にあっては驚異的得票率で、二位の村山達雄の四・八倍の票を取り、二位から五位までの得票を全部合わせても田中一人に及ばないという圧勝でした。

この時の選挙では社会党の石橋政嗣委員長が、田中の選挙区である新潟県長岡市に乗り込み、「諸悪の根源は田中、辞めさせなければ日本の政治を救うことはできない」とぶち上げ、テレビなどで人気のあった作家の野坂昭如も参議院議員を辞めて故郷の新潟三区から立つなど、田中批判一色の雰囲気でしたが、結果は田中の独り勝ちで野坂は二万八千票の次点で落選しました。

中央の「田中辞めろコール」に対する新潟三区有権者の「百姓一揆的反発」とも言われました。田中も「この得票は県民の『声なき声』が爆発したものだ。必ずその負託に応えたい」と述べ、「辞めろコール」はトーンダウンせざるを得なくなりました。

中曽根総理も、自民党大敗を受けた十二月二十八日の総裁声明で「いわゆる田中氏の影響力を排除する」という項目を追加して、世間に取り繕うしかありませんでした。

翌五十九年（一九八四年）九月十日、箱根で行われた木曜クラブの議員研修会と青年研修会で、田中角栄は計二時間二十分に及ぶ大演説をぶちました。

「わが派から総裁候補を出さなくてもいいとは考えないが、今強いて出す必要はない。駕籠《かご》を担ぐ者、そのまた草鞋《わらじ》を作る者は必要だ」

マスコミからは「自重自戒はどこへ」と批判されましたが、十一月に予定されていた総裁選での中曽根再選支持と、「田中曽根内閣」に対する自身の政権支配を宣言したものでした。

私は前年の総選挙で議席を失い、再起を期し、辛い日々を送っていましたが、この日の研修会には出席しました。私の手帳によると、研修会終了後のパーティーの席上、「この中で石井の落選を予想した者がいたか」と田中が涙ぐむ場面がありました。人並みはずれて情に厚いオヤジが、私に対する思いやりと期待を、思いがけず、公の場で吐露してくれた瞬間でした。

二階堂擁立劇の禍根

中曽根は田中を後ろ盾に、昭和五十九年（一九八四年）十一月の総裁選で再選を目指していました。ところが、この総裁選で二階堂副総裁を推すという「二階堂擁立劇」が起きました。田中が二階堂に対し「中曽根の後は君だ」と言ったという話が流れ、これに公明党の竹入義勝委員長や民社党の佐々木良作委員長ら中道グループ、自民党の一部が乗ろうとしたのがきっかけだったようです。

これについて、無投票で中曽根再選を決める自民党の実力者会議が予定されていた十月二十七日の朝、目白で田中と二階堂が会い、かなりの激論が交わされました。田中は「中曽根の次とは言ったが、今回と言ったことはない」と言い、二階堂も「民社党や公明党から、今のままの自民党でいいのかと言われたのは確かだが、私の方から能動的に動いたことはない」と弁明し、いったんは収束したかに見えました。

しかし、午後の実力者会議で二階堂が中曽根批判をぶったことから、この擁立劇は再燃することになりました。翌二十八日になって福田赳夫、鈴木善幸両元総理と三木派を継いだ河本敏夫の三者が二階堂に田中派離脱と総裁選出馬を促しました。

これに対し二階堂がはっきり拒否しなかったことから再び大きな騒ぎとなり、結局は派閥の分裂に危機感を持った金丸信総務会長や竹下登大蔵大臣らが、二階堂や、擁立を支持した江崎真澄らを説得、福田の後継者である安倍晋太郎外務大臣らも擁立反対に回り、二階堂もこれを受け入れ、擁立劇は終息しました。

オヤジは「二階堂とオレとは夫婦みたいなもので、たまには喧嘩もするが、何でも言えば、後はすっきりする」とうそぶいたそうですが、派内に「いつまでも駕籠かきや草鞋作りばかりやっておれない」という空気が生まれてきていたのは事実です。それが後の金丸、竹下らによる創政会結成の動きにつながっていったのです。

昭和五十一年（一九七六年）二月のロッキード事件の発覚以降、百九十一回に及ぶ一審の公判、論告ならびに求刑を経て、昭和五十八年（一九八三年）十月十二日に一審判決を迎えるまでの七年半、さらに控訴審の最中であった昭和六十年（一九八五年）二月までの一年半、合わせて九年もの間、田中の自民党支配が「不幸にも」続きました。田中を「国会の外」へ、あまつさえ「被告人席」や「病の床」へと追いやったことは、日本の政治にとってあまりにも大きな損失、まさに不幸であったと言えるでしょう。

自らが築いた百四十名を超える自民党最大派閥の数の力と、故郷新潟の空前の大量得票が示す数の力を後ろ盾に、田中は病に倒れるまで、実質的には、日本の政界に君臨し続けました。田中本人の無罪の自信と、無罪を勝ち取るためには必須だった政治的パワーがそれをさせたのです。

この冤罪さえなく、田中の持つ無類のエネルギーを政治の原動力として前向きに活かすことができたなら、日本という国の「改造」はさらに大きく進んでいたはずです。田中の政治力がこの国にもたらしたはずの計り知れないメリットを思うと、ロッキード事件がわが国の発展にどれほどのブレーキをかけ、どれほどの損害を与えたかを痛感せざるを得ません。そう考えるのは私だけではないはずです。

先の大戦の終結以来七十年余、日本の外交が常に米国に追従し、ときの宰相が誰ひとりそれに反旗を翻《ひるがえ》すことができなかった中にあって、唯、田中角栄だけが、日本の未来を見据えて国益を優先した自主外交を貫いたことは、ほんとうに稀有なことです。田中角栄こそ、まさに不世出の総理大臣でした。

第六章

苦悩のゴルフとオールドパー

一日二ラウンドの体力消耗ゴルフ

田中角栄は昭和四十九年（一九七四年）十二月九日、金権政治に対する批判を受けて内閣総辞職、辞任します。

きっかけはその年の十月十日に発売された月刊誌『文藝春秋』十一月号に掲載された二つの文章でした。立花隆の「田中角栄研究　その金脈と人脈」と、児玉隆也の「淋しき越山会の女王」。前者は表題通り、田中の金脈と人脈をきめ細かく調査、追及した記事。後者は秘書であり、金庫番であった佐藤昭を描くことで田中の私生活を明らかにした記事でした。

二つの文章が出てから世間は大騒ぎになり、野党はもちろん、マスコミと世論も田中叩きに走りました。この嵐の中で田中は総理を辞めたのですが、私が驚くのはその決断の早さです。実際の辞任は十二月九日ですが、辞任表明は十一月二十六日です。

雑誌が出てから一カ月少々しかたっていません。辞め方もせっかちでした。

しかも、辞任を決意した本当の理由は、金権批判や政局の混乱ではなく、家庭のプライバシーを暴露されたことでした。これによって家族が深く傷ついたからなのです。これ以上、子供たちや、特に、可愛がっていた孫を苦しめたくない——それが決意の原動力でした。人情家の田中らしい決断だったと思います。

首相の座を降りたオヤジには自由な時間が増えました。それ以前には作れなかった多くの時間を手に入れたオヤジは、スケジュールの空白を埋めるように、積極的にゴルフ場に出かけました。国会休会中の夏の休暇には多くの時間を軽井沢の別荘で過ごしましたが、そこへ私はよく声をかけられたものです。主にプレーしたのは七十二ホールがある軽井沢72（セブンツー）ゴルフ場でした。

ところで、オヤジは比較的年齢を重ねてからゴルフを始めました。だいたい四十代半ばから始めたのですが、何事にも研究熱心で、集中的に本を読み、インドアで練習を重ねて、短期間に腕を上げました。やがて、大のゴルフ狂になりました。「大の大人が小さな球を……」と、ゴルフをしない人からは、よくそう言われます。しかし、大きな青空の下、大自然に囲まれた、一面のグリーンの上で、真っ白な球を打つことは、日頃、都会の雑踏の中で生活をしている現代人にとって、仕事や家庭で頭を悩ます一切のことを忘れることのできる瞬間なのです。これが、しない人には分からない、ゴルフの醍醐味です。

グリーンの上でプレーしているときだけ、プレーヤーは日常の頭を悩ますことから解放されるのです。また、それほど集中して一球、一球プレーしないとスコアは伸びません。オヤジも、私も、また週末になるとゴルフ場へと懲りずに足を運ぶプレーヤーの大多数が、それぞれの立場で抱えるストレスなど、逃れたい何かからの逃避行の目的地としてティーグラウンドに立つのではないかと、私は思います。

ハーフ九ホールがアウトとインで合わせて十八ホール、プレー後に風呂で汗を流し、着替えをして、クラブハウスで一杯ひっかけながら仲間とゴルフ談義に花を咲かせて、これを十九番ホールと呼んで、「さあ、来週も頑張ろう」、と普通ならこうなります。しかし、総理大臣の重圧や、辞任後の世間の風当たりをまともに受けていたオヤジは、それだけでは気分転換になりませんでした。疲れ果てるまでプレーし、さらには酒の力を借りなければ、眠りに落ちることができなかったのです。

ですから、角栄ゴルフは、どれだけのスコアで回るということではなく、どれだけ早く多くのコースを回り、どれだけ体を疲れさせるかということが最も重要でした。

あまりにラウンドが早いので、前の組から四、五ホールあけてスタートするのですが、それでも九ホール回ると、最終ホールでは、前の組に追いついてしまいます。また通常ゴルフは、朝スタートして午前中にハーフ九ホールを回り、昼食を挟んで午後にもうハーフ、一日で一ラウンド十八ホールを回ります。

ところがオヤジは常に一日二ラウンド三十六ホールをこなしました。人の二倍を平気で回りました。当時は乗用カートをコースで使用することもなかったので、ただひたすらに歩くのです。六十歳の夏には体力への挑戦と称して軽井沢で、なんと一日四ラウンドを回ったこともありました。

グリーンでは、さっさとパットを済ませて次のホールに向かい、次のホールでもイの一番にティーショットを打っては、間髪をいれずにボールを追いかけてコースサイドを歩き出します。

次に打つ者が「オヤジ、危ないですよ」などと言っても、「ああ」とか「うう」とか言うだけで、まるで気にしません。後ろも見ずにコースサイドを脱兎のごとく勢いよく歩き出すのには、ついていくだけでひと苦労でした。体力的に参ってしまったことが何度もありました。

ゴルフはたいてい四人でプレーしますが、オヤジは腕の良いプレーヤーと二人でまわるのが好きでした。それが一番早く、待たずに角栄流のゴルフができるからです。ハンディキャップは万年十六でしたが、だいたいボギーペース、調子の良い時には八十台も出していました。服装はつねに白のポロシャツ、紺のズボン、白の野球帽と決まっていて、背筋を伸ばし、タッタ、タッタと速足でコースを回ったものでした。

そうして、人の二倍も三倍も歩き、グダグダに汗をかいて、そのまま別荘へ戻り、風呂を浴びた後で一休みし、夕食をとり、それから酒を飲みました。飲むものといえばオールドパーの水割りと決まっていました。

河本、中川とのゴルフ対決

田中のゴルフ好きは有名で、多くの人物と対戦し、その都度、マスコミで報道されました。よく知られた福田赳夫との「角福対決」の他にも、大平正芳、鈴木善幸、中曽根康弘、珍しいところでは、ジャック・ニクラスなどと対戦していますが、私が提案し、両者が快諾して実現した田中と河本敏夫とのゴルフは、その組み合わせの珍しさに、世間やマスコミ、とりわけ政界がたいへん驚きました。昭和五十六年八月十八日、軽井沢ゴルフ倶楽部（「新軽」）でのことです。

河本はわざわざこのために前夜遅く東京からやって来て、自分の別荘に泊まり、午前中にハーフ九ホールを田中や私と一緒に回って、昼食を共にしながら懇談した後、先約があるということで東京へ帰りました。

わずか九ホールの対決だったので、真剣勝負ではありませんでしたが、両者はそれぞれ個性的なゴルフをしました。田中は、距離こそ出ませんが、ショットは正確でとにかく真っ直ぐ飛びます。真っ直ぐ飛ばして、刻んでいくゴルフで、スコアはほぼボギーです。

オヤジとプレー中、ツーショットに収まる著者の妻、知子（著者撮影）

それに対して河本はいたって年季の入った本格的ゴルファーで、スイングも豪快でした。若い頃はシングルプレーヤーであったことを彷彿とさせる上手なプレーでした。まさに好対照のプレースタイルでした。ハーフを上がった段階では、田中が四十二、河本が四十四でしたが、河本の調子が上がってきていましたので、午後もプレーしていたら、結果はいい勝負になったことでしょう。

意外なことに田中と河本は、お互いあれだけの政治家としてのキャリアがありながら、それまでほとんど接点がなかったのです。ずいぶん長い間一緒に国会で生活していた実力者同士ですが、河本は三木派で、あの頃は同じ党でも田中派と三木派が会うなどということはありませんでした。自民党は「派閥あって党なし」という状態でした。このようなことが、後に政治改革という名の下に、派閥を解消することを目的として七十年続いた中選挙区制を小選挙区制に変える、大きな要因となったのです。いずれにしても当時は、選挙も政策の勉強も派閥ごとにやり、人事も派閥に決定権のあった時代でした。

田中は河本について、「いい男だ」、「もっと早く会っておけばよかったな」と好印象を私に語りました。この時のゴルフで二人の接点ができたことが、前章で触れた一年後の総裁選での河本に対する立候補断念要請につながっているのです。

河本が帰った午後は、代わりに私の家内を入れ、オヤジと三人でプレーしました。オヤジは家内をとても気に入ってくれ、その後も何回か「ワイフを連れて来い」と声をかけてくれました。家内の方も、今でもオヤジとのプレーを「一生の想い出」と

軽井沢でオヤジと回る中川一郎代議士（左端）や著者ら

言っています。オヤジは、一度接すると忘れることのできない強烈な個性と人間愛を持った人でした。

また当時、鈴木内閣の閣僚で科学技術庁長官を務めていた中川一郎と田中が軽井沢でプレーしたのは、河本とのゴルフの翌日、八月十九日のことでした。翌年の昭和五十七年の総裁選の後、中川が自殺したときに出てきた「鯉」をめぐる会話があったのもこの時です。中川の死後に有名になった、この時の様子も、私の手帳にはつぶさに記してあります。

グリーンの横の池で泳ぐ鯉を眺めながらの気楽な会話のはずだったのですが、中川の眼は真剣そのものでした。すでに総裁選への意欲を見せていた中川は田中に、「鯉は池の中でじっとしていないといかんですか」と言い、田中に「北海道も治められずにいて、お前は何を言うか」と叱られます。ところが中川はさらに、「鯉は池の上に飛び上がってはいけないんですか」と思いつめたように言いました。

これに田中は、「鯉は滝登りもするし、飛び上がるのもいい」と答えました。

「いいけれども、飛び上がれば必ずしもまた池に落ちるとは限らんよ。草むらにも落ちる。人の歩く道にも落ちる。そこへ俺が通りかかれば池の中に放り込んでやるけど、誰も通らなければ干乾しになるぞ。魚の日乾しならいいが、熊の干乾しなんていうのは誰も食わない。スルメになるな」と言って中川に自重を求めたのです。

しかし中川は新しい自らの派閥を維持するために立候補を貫き、そして負けてしまいました。田中の言う通りにしていれば、中川の自殺はなかったのかも知れないと思うと、残念でなりません。

中川一郎とは、ほかの機会にもずいぶん一緒にゴルフをやりました。ドライバーとスプーンのよく飛ぶ豪快なゴルファーでした。アプローチではミスショットも随所にありますが、すべてが明るく楽しいのです。これはもう時効だと思いますが、彼とは毎回、かなりな額の「ニギリ」をしました。時には彼はわざとパットをミスして、「小遣い」をくれたものです。

ホールインワンで「福」を分ける

何十回も一緒に回りましたので、オヤジとのゴルフの想い出はたくさんありますが、中でも昭和五十五年八月十八日に、私がホールインワンをやったときのことは忘れられません。軽井沢72ゴルフ、西ブルーコース、イン十四番ホール、一五八ヤード、アイアン五番でのショットでした。同じ組で回ったオヤジと林義郎（元蔵相）、奥田敬和（元郵政大臣）が「証人」になってくれました。

最初にカップをのぞいたオヤジは、「ホールインワンだ！」「ホールインワンだ！」と何度も大声で叫びました。そして私に向かって「お前、金を持っているか」と聞きます。「二、三十万ぐらいなら」と答える私に、「それでは足りん」と、同行している護衛官に自分のカバンから分厚い封筒を持ってこさせました。一万円札がたくさん入っていました。

それをゴルフ場で会う人、会う人に「ホールインワンが出た」と言って、一万円ずつ配るのです。目にはいる他の客だけでなくゴルフ場やホテルの従業員全員にまで配りました。ゆうに百人を超えていたと記憶しています。

もらった人は面食らいますが、悪い気はしません。オヤジは何の屈託もなく、「ホールインワンはめでたい。めったに出ない。だからその福をみんなに分けるんだ」と言っていました。これにはびっくりしましたが、いかにもオヤジらしい金銭哲学だと思いました。

それは、この時に限ったことではありません。私は地方遊説をオヤジとずいぶん共にしましたが、オヤジは、同じようなことを地方に行っても、あちこちでやるのです。偉いと言っても、「地方の有力者を田中の金権で……」、というわけではありません。そうではない連中に金を配っているところは、私はほとんど見たことがありません。そうではなく、下足番や仲居、ドアボーイやハウスキーパーなど、額に汗して働く市井《しせい》の人々に気を配り、「ご苦労さん、ありがとう」とオヤジは惜しげもなくチップをやるのです。人の機微、心と心のふれあいの大切さを、オヤジはよく知っていました。金を持っていても、いや、持っている人ほど、なかなかそうは出来ないものではないでしょうか。

さて、オヤジのおかげで私のホールインワンは、その後長い間、軽井沢の語り草になりました。オヤジが亡くなってからも、このゴルフ場へ行くと「先生、またホールインワンをやってくださいよ」とよく言われたものでした。

オヤジの寿命を縮めたオールドパー

田中の一審の裁判が続いていた頃、田中を囲んで、国会休会中の旧盆の休暇などに、木曜クラブや田中派のゴルフコンペがしばしば行われました。

当時の記録が私の手帳に残っています。すでに故人も多い四半世紀以上も前のことですが、いま振り返ると、田中派は好プレーヤーぞろいで、現職の国会議員でありながら、皆、すごいスコア（全員二七ホールで一五〇を切っています）で回っていたことが分かります。

■ハイレベルだった田中派のコンペ

木曜クラブコンペ
昭和56年7月31日、軽井沢72ゴルフ（27ホールコンペ）

氏　名	1stハーフ	2ndハーフ	3rdハーフ	Total
田中 角栄	45	47	46	138
愛知 和男	42	48	47	137
野中 英二	47	45	48	140
林　義郎	43	44	45	132
久間 章生	42	44	45	131
高鳥　修	52	48	47	147
石井　一	42	44	38	124
降矢 敬雄	42	47	48	137
佐藤 信二	48	48	48	144
松浦　功	40	43	41	124
藤井 孝男	45	46	44	135
大原 一三	48	46	47	141
小渕 恵三	44	51	45	140
後藤田正晴	52	47	46	145
保利 耕輔	47	45	52	144
山村新治郎	43	45	48	136
森下　泰	48	43	48	139
小坂徳三郎	47	47	43	137
細川 護熙	44	49	40	133
梶山 静六	46	49	49	144
山崎 竜男	47	44	44	135
保岡 興治	47	46	49	142
山東 昭子	48	45	43	136
綿貫 民輔	47	49	50	146

自慢をするわけではありませんが、その頃、私はれっきとしたシングルプレーヤーで、ボールもよく飛びました。そのときのスコア表が残っていましたので、ここに掲載しておきます。

繰り返しになりま

すが、田中にとってゴルフに興じるひと時は、苦しい晩年のほぼ唯一のやすらぎの瞬間であったと思います。私が思うに、この人は人の三倍のプレーで体を酷使し、酔いつぶれるまで酒を浴びることで、苦しい裁判のことや厳しい政局から、束の間の逃避を図ったのだと思います。裏返して言えば、そのような無茶をすることなしには、それらが頭から離れず、深い眠りに落ちることができなかったのだと思います。オヤジのゴルフ、そしてオールドパーの裏には、決して癒されることのない苦悩があったのです。

オールドパーの水割りを、オヤジは軽く五、六杯、多いときは十杯以上、がぶがぶとあおるように飲み干しました。おそらく一晩でボトルの半分は平らげていたように思います。そうしてグダグダになって、夜の遅くとも八時には酔いつぶれて寝てしまうのでした。もちろん、人一倍の勉強家でもあり、朝は四時頃に起床し、新聞や雑誌、政府の予算書や法律案なども細部まで目を通していたようですが、このオールドパーがオヤジの寿命を縮めてしまったこともまた、否めないでしょう。

創政会旗揚げが引き金

オヤジが倒れたのは、昭和六十年（一九八五年）二月二十七日、脳梗塞によってでした。その引き金を引いたのが二十日前に起きた創政会の旗揚げです。前述のように田中は昭和五十八年十月に有罪判決を受けた後、これまでにも増して激しい執念を燃やし、派閥の拡大を図っていきました。そのためにどれだけの金がかかったのかは正確には分かりません。

その一方で、二審で無罪を勝ち取るための準備も黙々と進めていました。弁護団を強化し、十名の著名な弁護士からなる弁護団に、石田省三郎、小野正典、淡谷まり子、倉田哲治ら新進気鋭の弁護士九名が新たに加わりました。

そのような中、昭和五十九年の暮れに、竹下登を中心とする「勉強会」の準備会が密かに開かれました。五十八年の選挙で議席を失っていた私は、この動きには一切関与していません。

そして翌六十年一月二十三日には橋本龍太郎、梶山静六、小沢一郎ら二十五人ほどが集まって創政会結成のための準備的な会合が行われました。それを知った田中は烈火のごとく怒って、オールドパーを毎日一本あおったといいます。

創政会の人たちは、これは田中派と同心円だ、などと言っていました。しかし、田中にとっては派中に派閥を作ることに他なりませんでした。田中は自身の復権を狙っていました。もう一度自分が総理の座に返り咲くことでのみ、内閣総理大臣の名誉と権威を取り戻せると考えていたのです。そのためには派閥の後継者を指名したり、新たな派閥を作ることを許したりするわけにはいかなかったのです。

何百億円の私財をつぎこんで作った大派閥を維持することでのみ、田中の権限が永田町に及びます。その力がなくなれば田中は燃料切れの飛行機のように墜落せざるを得ません。その復権にかける執念が、派閥の後継者を作らずに頑張ることにつながったのです。

創政会結成の動きがもう少し自重されていれば、という声もありました。しかし結成に立ちあがった者同士にしてみれば「もうこれ以上待てない」という切羽詰まった心境になったのでしょう。

田中派ではオヤジの意向で「駕籠に乗る人、担ぐ人、そのまた草鞋を作る人」を合言葉に長い間、他派の領袖を何人も担ぎ、将来を期して耐えてきたのですが、「いつまで駕籠を担がされ、草鞋を作らされるのか」という気持ちになったとしても、責めることはできないでしょう。

このように、オヤジと派内の人たちの間に気持ちのずれが生じ、それが深い亀裂となって横たわっていた――これが田中派末期の憂うべき状況だったのです。

それもこれもロッキード裁判によって起きた悲劇であって、それがなければ田中もさっさと派閥を後進に譲っていたでしょうし、そこまで意地を張る必要もなかっただろうと思います。いずれにせよ、田中は創政会結成から二十日後に自爆したかのように倒れ、そして、二度と表舞台に立つことはありませんでした。

翌六十一年、私が永田町にカムバックしたとき、もう田中の姿はそこにはありませんでした。病院に入院し、口もきけず、その後、自邸に引き取られて娘の眞紀子の手厚い保護下に置かれ、外部とは一切、面会謝絶の状態でした。

田中が倒れたのは、一審有罪判決の一年四カ月後です。控訴審は続いていましたが、一審からの古参の田中弁護団と二審から加わった若手の弁護団との間に、弁護方針について意見の相違などもあり、「議長不在」のまま裁判が続いたという感じが、私にはあります。その後、平成七年（一九九五年）二月に榎本と檜山に対して最高裁の上告棄却の判決が出てこの裁判は終わりました。田中の逮捕から十九年の月日が経っていました。オヤジが健在だったら、ロッキード裁判の結末もまた違ったものになっていたかもしれません。

控訴をめぐる弁護団の戦略

田中弁護団の石田省三郎弁護士が初めて田中に面会したとき、田中が開口一番言ったことが二つありました。一つは「キッシンジャーにやられた」と話したエピソードと、もう一つ、刑事訴訟法の精神に関する話であることは、第二章で述べたとおりです。本章では、倒れる直前の田中がどんな様子だったか、そして倒れた前後の弁護団の様子がどのようなものだったかを、弁護団として田中の元気な姿を最後に見た、石田弁護士の談話を再び紹介して、詳らかにしたいと思います。

――ご病気になる三日前でした。目白邸での検証の申し立てをして、あんな場所で丸紅の幹部が請託なんてできるはずのないことを裁判所に分かってもらうために裁判官に見てもらいましょう、というような提案をしに行ったわけです。新しく選任された弁護士の先生の中にも、もとからの先生も偉い方が大勢いたので、私などは、あの若僧は何を言っているんだ、と言われていたものですから、それなら田中先生に直談判するしかないと思って、言いに行ったのです。そうしたら、あの頃、田中先生、オールドパーを朝から飲んでいて、「いいよ、いいよ、君の好きなようにやりなよ」とこんな感じだったのです。ではそれでいこう、ということになったのに、三日後に田中先生は倒れてしまいました。ですから、私の提案は全部ポシャってしまいました。

朝早く行きましたけど、たくさんの陳情客も秘書の方もいらしたけれども、「石田君も、一杯どうぞ」なんて言われまして。朝から私は飲めるわけはないんですけど、田中先生はそんな感じでしたね。

控訴審では金は受け取っていたと方向転換して勝負しようとしていたと報道されていますが、そうではありませんでした。私が田中先生に了解を取りに行ったのは、検証、なんです。先生のお宅の大きな会議室へ裁判官に来てもらって、あのように人のたくさん入るところで請託などできないということを見てもらおうという、検証のことなのですよ、メインテーマは。

鬼俊良というロッキード社の日本支社支配人をしていた日系米国人にアメリカまで会いに行きました。これは宣誓供述書まで取っていますが、もうそのときにはトライスターに決まっていたと言っていました。彼は丸紅を相手に営業をやっていたのですから、よく知っていたはずです。

ですから、何回も言うようですが、田中先生とトライスターとは時期が異なるといっている人間がロッキード社の中にもいたのです。日本まで証人として来てくれと言ったのですが、それはなかなか難しかったです。二審でそのような展開ができていたら、裁判はひっくり返っていたと思います。

控訴趣意書を出したのが、先生が倒れてから一年くらい後なのですが、これを中心的に書いたのは、木村先生、稲見先生、それから後から入った我々四人、倉田哲治、小野正典、淡谷まり子、私、それから外山興三、畑口紘、実質的に会議をやったのはこの八名くらいです。会議は、稲見先生のところで、もう毎日のようにやっていました。

方向転換のような、今度はこの線でいくぞ、というようなポイントはあったのですかということですが、私はそれまでにも冤罪事件を扱ってきて、調書の信用性という観点からすると、英国大使館の裏で授受があったとかね、それは「アホみたい」な筋書きですよね。すべて荒唐無稽な話なものですから、なんでそんな話になっていったのかという問題と、それからお金がどういうふうになったのかという問題がありました。

田中先生は、あくまでも「知らなかった」という姿勢を貫いていました。事実、ご存知ありませんでした。

偉い先生方ばかりで、なかなか統一的な弁護方針が定まりにくいこともあったのかも知れません。もちろん、田中先生は知らなかったという大きな事実はあったのですが、細かな戦術はどうも十分ではなかったようです。

目白邸検証問題にしても、調書の問題にしても、若僧が何を言ってるんだという雰囲気はありました。じゃあもう我々で田中先生と直接、話をして進めていこうよというようなことはありましたよね。それで、偉い先生方は怒ってしまって。

そんな中、控訴趣意書を朝日新聞がスクープしました。それは私も関与したんです。こういうものは一紙が書いた方が、アピールが強いだろうとの判断でした。みんながもう虎視眈々と狙っていましたからね、マスコミは。

この話をご存知なのは、稲見先生だけで、木村先生も知らなかったと思います。翌日、他の先生方からは、何をやってくれたんだ、と怒られました。そうしたら眞紀子さんが、石田先生は悪くないから、と取りなしてくれました。

いずれにしても朝日の記事を見れば、控訴趣意書のニュアンスが一審とは違うことが分かると思います。

私が思うに田中先生が一審、二審とも有罪になったのは、日本の特捜検察が面子にかけて手がけた事件を無罪にすることができなかったからです。あれを無罪にしたらたいへんなことになったでしょう。私に言わせれば、裁判所もそれに同調したということですよ。

裁判所は本当に二審なんてけんもほろろでした。こういう事件になりますとね、こちらの言うことをまともに受け取ってくれないんですよ。日本の裁判制度というのは、本当におかしいですよ。少しずつ変わってきてはいますけれど。少なくとも当時は、そうでした。

自白調書のみを証拠に死刑になった人もいたわけです。今になってやっと再審で無罪になっていくような事件もあるわけですよね。ですからとても冤罪事件が多かったわけです。「十人の罪人を逃すとも、一人の無辜を処罰するなかれ」と言いますが、これと逆のことを日本の裁判は繰り返してきたということになります。

明らかに刑事訴訟法の精神は変容してしまって、ずーっとおかしくなっていたわけです。それがやっと今見直され、取り調べを録音、録画をしようとか、調書の信用性のテストはどのようにしたらよいのかといった基準が示されてきたものですから、少しずつ改善されてきているといった状況です。

ロッキード事件は、明らかに、米国政府、日本政府、最高裁判所、東京地検特捜部や当時のマスコミが作り上げた「反角」の世論による、歴史に残る汚点であり、起訴された事件の九九・九%が有罪という日本の刑事事件の特異性の毒牙にかかった、まさに冷静さを欠いた典型的な冤罪事件だったのです。

弱冠三十歳にして法務政務次官になった折に、おそらくは團藤博士から学んだ「十人の罪人を逃しても、一人の無辜を処罰することなかれ」という法格言を、田中は亡くなるまでよく口にしましたが、田中自身が一人の無辜として処罰された事実を回顧するとき、この格言には、まことに胸に迫るものがあります。

井戸を掘った人を忘れない

目白の田中邸には、総理辞職後も、ロッキード事件で逮捕された後も、一審の有罪判決が出た後ですら、病に倒れるまで、人の行き来が絶えませんでした。政治家、官僚、後援者や陳情に訪れる有権者のほかに、海外の要人も田中を表敬訪問しています。注目されたのは中国の鄧小平副首相（当時）です。昭和五十三年（一九七八年）十月二十四日、逮捕の二年後でしたが、田中邸を訪れました。このとき、記者たちから田中は刑事被告人なのに、なぜ表敬訪問するのかと問われた鄧小平はこう答えました。「中国には『水を飲むとき、井戸を掘った人を忘れない』という諺があります」

中国は日中国交回復に尽力した田中の恩は忘れていない、と言いたかったのだと思います。その恩の前には刑事被告人であろうと、そんなことは小さなことなのだと。

田中も鄧小平の訪問をことのほか喜び、涙を流したといいます。

その翌年には周恩来首相の夫人が、さらにその三年後の昭和五十七年には趙紫陽首相も田中邸を訪問しています。また、田中も亡くなる前年の平成四年（一九九二年）八月、その年の四月に目白へ見舞いに訪れた当時の江沢民総書記の招きで病の体でありながら二十年ぶりに中国を訪れています。中国の義理堅さ、そして田中と中国との太い絆がうかがわれます。

もし田中が存命で政治的に健在であったなら、現在の日中関係はどのようになっていたかと夢想するのは、私だけではないでしょう。

三度も目白を訪ねたキッシンジャー

昭和五十七年九月六日にはニクソンが目白邸に来訪しているのですが、じつに三度も目白を訪れた人物がいるのです。ヘンリー・アルフレッド・キッシンジャー元アメリカ合衆国国務長官こそ、その人でした。一度目が昭和五十三年（一九七八年）七月二十四日、二度目がその三年後の昭和五十六年（一九八一年）七月二十四日、三度目が脳梗塞を発症する直前の昭和六十年（一九八五年）一月八日です。

「オヤジさん、キッシンジャーとはロッキードの話、しましたか」

平成４年４月７日、江沢民総書記が東京・目白の田中邸にオヤジを訪ね、握手を交わした。左は眞紀子さん

私はこのことがいちばん気になっていましたから、その都度、田中に訊ねたものです。

「一切しないよ」「何も言わないよ」

田中はいつでもきっぱりと、そう答えました。

日本を「改造」し、米国の虎の尾を踏んだ不世出の政治家、田中角栄もすでに政権を手放していたこの時期、キッシンジャーはなぜ、三度も目白に田中を訪ねたのでしょうか。当時キッシンジャーのことを田中を抹殺した冷血漢と信じて疑わなかった私も、幾星霜を重ねた今日、こう思います。一人の天才を日本の政治から葬った、キッシンジャーの良心の呵責がそれをさせたのだ、と。

脳梗塞で倒れたあとのオヤジの晩年については、私もよく知らないのです。いったん飯田橋の東京逓信病院に入院しましたが、二カ月後には眞紀子が自宅に引き取り、自由に会うことができませんでした。最も頻繁に田中と会っていた小沢一郎も、病後は一度も会っていないと言っています。

オヤジを追いかけて病院の向かいにカメラの放列が敷かれる、白衣の下にカメラをしのばせた週刊誌記者が病院内をうろついていたことなどを考えると、退院は仕方ないのかと思います。

しかし、自宅に戻ったことで、リハビリが十分に行われなかったことも考えられます。結局右半身の麻痺と、失った言語能力は最後まで回復しませんでした。

自由にしゃべることができなくなった晩年のオヤジの無念と孤独を思うと、私の胸はきりきりと痛みます。

何度でも言いますが、ロッキード事件がなければ、オヤジが朝からオールドパーを飲むこともなかったし、失意のうちにその政治人生を終えることもなかったはずです。ロッキード事件は政治の世界にとっても、日本の社会全体にとっても最大の悲劇を生んだ冤罪事件だったと言ってよいと思います。

第七章

オヤジが枕元に置いた小冊子

本書の最後に、私が田中角栄の一審判決の直前、昭和五十八年（一九八三年）十月にまとめた非公開資料「政治家として考える」の全文を掲載します。

ロッキード事件の当時は、「田中角栄を罰することが民主主義を守ることだ」といった風潮が圧倒的で、このような文章が受け入れられる余地はまったくありませんでした。近年、田中に関する多くの書物が刊行され、田中角栄という政治家、また事件を改めて見直す機運が高まっています。今ならこの文章を世に問う意義はあると考え、ここに初めて公表することにしました。三十三年という時間を経過しても色褪せぬ、的確な論点を衝いた文章であると自負しています。オヤジが枕元に置いて離さなかった小冊子の全文をぜひ、ご一読ください。

（本書の単行本刊行に際して）

政治家として考える

ロッキード裁判に関する一考察
――10・12判決を目前にして――

（昭和五十八年十月一日執筆、非公開）

はじめに

ロッキード事件は「全く不可解の一語につきる。複雑、難解な事件である（昭和五十八年五月十一日の弁護側冒頭弁論の一節）」と考えざるをえない。いま、10・12判決をめぐり、マスコミなどによって数多くの報道、解説、論評が行なわれているが、ほとんどが冷静さを欠き、付和雷同するだけで、この事件の深層とその周辺にひそむ幾多の疑問について、真面目に考えようとする姿勢に欠けることは、誠に残念である。

私は自民党の衆議院議員であるが、主流派とか田中派とかの立場を離れて、公正にこの事件を分析してみると、まず、その複雑さと難解さに驚かざるをえなかった。そして事件の発端から起訴の過程、それに事件の本質を考えるにつけても、田中元首相を被告人とするこの裁判は、一審でも無罪となるべきものである、との結論に到達した。

ここに、私の本件に対する考察を述べて、諸兄のご参考に供するとともに、ご叱正を待ちたいと思う。

I　事件の発端とその経緯

ロッキード事件は、一九七五年（昭和五十年）八月二十五日、米上院外交委員会の多国籍企業小委員会（チャーチ委員会）で初めて火を噴いた。その直前のある日突然、一つの段ボール箱がチャーチ上院議員の事務所に放り込まれた。開けてみると、ロッキード社の秘密資料、政府の文書、売り込み工作費の領収書などが出てきた。これが事件の発端である。

チャーチ議員は三十一歳まで米中央情報局（ＣＩＡ）の職員だったとされる人物であり、この段ボール箱の真の差出人を知っていた可能性が強い。そして、本来この種の企業問題は、上院では証券取引委員会（プロクシマイヤー委員長）で取り上げるのが通例だったが、当時チャーチ委員長は民主党から大統領選を狙っており、この選挙を有利にするため、プロクシマイヤーの要求を蹴り、自分の委員会で取り上げることを強く主張した。

その結果、コーチャン氏ら航空機会社の重役が喚問され、ロッキード社が世界中の高官やロビイストに金をばらまいた実態が明らかとなり、全世界でセンセーションを巻き起こした。

イタリアではタナッシ、西独ではシュトラウスの両元国防相、オランダではベルハルト殿下、その他、英、仏、トルコ、スペインなどにも飛び火した。その一つとして、我が国でも今日の事件へと発展していったのである。

いったい誰が、その資料入りの段ボール箱をチャーチ委員長のもとに届けたのだろうか。何者かの非常に強い意図があって、「チャーチならこれをやるぞ」と送りつけたに相違ない。

これは現在でもなお謎であり、事件はスタートからまことに不可思議な色彩が濃いのである。また、チャーチ委員会でのこの事件のエネルギッシュな追及と暴露は、単にチャーチ委員長の大統領への野心によるものなのか。それとも別の意志が働いていたのかも、また謎である。

このことに関連して、当時多くのことが言われた。「田中角栄は米国の虎の尾を踏んだのだ」というのは、その好例である。田中内閣は積極的に資源外交を展開した。メキシコの石油や、オーストラリア、カナダのウランに着目し、資源の長期的確保を目指した。米国はこれに対して、自国の権益が損なわれるのではないか、との強い疑念を持った、とされている。そのためか、田中首相は南米からの帰途、ワシントンDCの空港に降り立ったとき、非常に冷たい出迎えを受けた。日中国交正常化に対しても、米国は、日本が米国より先行することに焦りと不安を感じていた。

また、田中首相は、ソ連に対しても、非常に積極的な外交を展開した。ブレジネフ書記長と直接交渉して北方領土の返還を目指しただけでなく、サハリンやチュメニ油田の開発と送油管の建設などを次々に具体化しようとした。とくにチュメニ油田が開発されれば、世界の石油価格を低落させ、米国の資源企業にとって大きな損益となることが予想された。

米国としては、「自分の意志に従うべき日本が、不遜にも独立独歩の道を歩もうとしている」という強い不快感を持っただろうし、また東部のエスタブリッシュメントの権益が侵されるとの危機感があっただろう。「田中という首相は米国の利益に沿わない」という意思が働き、事件が仕掛けられた可能性は極めて強いとも言われている。

私は、ダッカハイジャック事件の際、政府派遣団長を務めたが、その時に目を通した外交文書の中に、イタリアのモロ元首相についての記述があった。モロ元首相は失踪し、「赤い旅団」に殺され、車の中から遺体で発見されたが、その時に持っていた鞄の中にロッキード関連の文書が入っており、その鞄が、不思議なことにその後、消失してしまうのだ。しかも、モロ元首相の失踪は、キッシンジャー米国務長官が「ロッキード社に一機十二万ドルの賄賂を要求したのは、モロ氏かも知れない」と名前を挙げた直後のことであった。

モロ元首相は、在任当時イタリア国内で台頭してきた共産党と手を組んで政権維持を図り、米国の反発を買った。田中とモロ、この二人の元首相は、米国の実権を握るグループから「問題のある分子」として、注目されていたとも言われている。それがロッキード事件として利用されたという見方が強い。

Ⅱ　不当な嘱託尋問調書

ロッキード裁判は、ロ社の重役だったコーチャン氏を中心に、クラッター、エリオット氏らの嘱託尋問調書を根拠として立件されている。

問題の第一は、この免責を与える嘱託尋問に対する理解が、米国と日本の間で基本的に大きく違っていることだ。証言者を刑事免責して尋問調書をとることは、我が国ではほとんど前例がないものであるが、米国ではしばしば行なわれている。しかし、それは、証人が証言を拒否した場合に、無理矢理に強制する形で行なわれるのを通常としている。会社の内部事情や上司の素行、仲間の行動などについて、言いたくない、庇《かば》いたい、と証人が証言を拒否した場合、「どうしても言わない証人に言わせるため」に裁判所が刑事免責の尋問を決める場合である。もし、この決定に応じなければ、直ちに逮捕、収監される強制的な非常手段である。

したがって、この種の尋問調書は、公権をもって強制したものであるから、公判廷で証拠として用いられることは極めて稀であり、裁判では、「信憑性の低い、公正を欠いたもの」として扱われている。このため、免責を与える尋問調書は、捜査段階の資料として使われることはあっても、通常は裁判の証拠とはならない。

また、裁判で用いられる場合には、裁判官は十分にその内容を吟味し、証言が正しいかどうかの特別の注意を払わなければならない規定になっている。さらに、米国でいうクロス・イグザミネーション（反対尋問）が無ければ、信憑性を認めない慣行となっている。

これを踏まえて、コーチャン証言などロッキード事件の嘱託尋問をみると、日本から検事が出張して、米国の退役検事を使って尋問したが、その場に被告人も、その弁護人もなく、当然必要な反対尋問も行なわれていない。証言が真実かどうか判断できる人が誰もいない場で、一方的な「約束による自白」が行なわれた。

米国ではほとんど裁判の証拠とならない免責の調書を、日本では金科玉条とし、鵜呑みにしたことからロッキード裁判はスタートしたのだ。ここにこの裁判の大きなミスと不幸があったと考えざるをえない。事件の発端も不可思議だったが、裁判のスタートも奇妙なことになっている。

その上、コーチャン氏はおそらく相当な秘密（ロ社工作金の米国への還流も含めて）を持っていたので、当初はこの証言に大きな抵抗を示した。そして最終的に、東京地裁や検察は信用できない（米国の最高裁判所は強い権限を持っているので）。日本の最高裁から「自分を無罪として、今後決して訴追しないという約束の証明が欲しい」と要求した。これに対して日本の最高裁は、驚くべきことに、「不起訴の宣明書」を出したのだ。三権分立の制度にあって、行政の一機関としての検察が裁判の始まる前の捜査をしている段階で、司法府の最高裁判所は、嘱託尋問調書を日本へ引き渡してもらうため、不起訴の宣明を全員一致で決定した。

最高裁は本来、検察（行政）から全く独立した存在であり、すべての捜査が終わってから、正しいか正しくないかを判断する場であるはずだ。それが、地裁の要求を受け検察に手を貸して、我が国には制度の存在しない「公訴権の事前放棄」を認めたばかりか、百歩譲って米国の制度に依ったとしても、当然あるべき反対尋問もない不公正きわまる証拠を日本の裁判に取り入れることに積極的な役割を果した。

仮にそのような政府からの保証が必要であるならば、国家組織上、内閣法制局長官か法務大臣が宣明書を出すべきであろう。コーチャンの要求に屈して権威ある最高裁判所が宣明書を出したことは、法理論的に憲法違反であると同時に、後世に大きな禍根を残したのではあるまいか。そして、この最高裁の宣明書が出されなければ、コーチャンからの証言は得られず、したがって裁判も行なわれなかった可能性すらある。

しかもおそらく、この嘱託尋問の決定を前にして、米政府とロ社、米政府とコーチャン氏、コーチャン氏とロ社の間で、協議、バーター、裏取引が行なわれたことは間違いない。こうしてコーチャン氏らは、二重、三重にその立場を守られつつ、一方証言では事件の全容を明かすことなく、ある種の目的に必要なものだけ、都合の良いものだけが証言として出されたと見られる。ある種の狙いとは、日米両政府やロ社を傷つけない範囲で、日本の高官を狙い撃つことだったに相違ない。

こう考えてくると、隠された部分があまりに多く、その部分はベールに包まれたままで、今や関心の外に置かれている有様が浮き彫りとなる。当時の三木首相は、稲葉法相とともに「日本の民主主義を守るために真相を究明する」として資料を要求した。その結果は「真相究明」とはほど遠い。ほんの一部が、しかも意図的に、たぶん多くの虚偽を混ぜて証言させられたに過ぎない。民間機トライスターよりも売り込みの焦点であったはずの対潜哨戒機P3Cについて、コーチャン証言は少なくとも現在公表されている部分では、全く言及されていない。

いずれにせよ、事件の故意に隠された部分が明らかにされる必要がある。例えば、米国内において米司法省が行なった、コーチャン、クラッター、エリオット三氏についての調査結果や情報をすべて提出するよう「情報の自由」法に基づき司法省に請願することも一案である。この請願は米国市民なら誰でもできるので、米国の代理人によって手続きを取ればよい。これこそ、田中元首相の弁護団、というより日本政府がいま行なわなくてはならないことではなかろうか。

Ⅲ　請託はなかったのではないか

次に事件の流れを自然体で眺めると、これまた不可思議なことに気がつく。田中元首相は口社から(丸紅を通じて)請託を受け、全日空の旅客機の機種が決定されたということになっている。

それならば、機種が決定（昭和四十七年十月三十日）されたら、請託を行なった最高権力者（田中首相）に直ちに金が支払われるはずである。しかし、事実はそうなっていない。コーチャン証言などによれば、約十カ月後の翌年六月二十五日になって、その支払いを催促され、しかもその後、翌々年の二月二十八日までの八カ月間に四回にわたって支払われたことになっている。ところが一方では、機種決定の直後に、秘密代理人の児玉誉士夫に対しては、直ちに十三億円のコミッションが支払われている。ロ社は日本で最も重要とされる田中首相に約束しているなら、五億円くらいすぐに支払うはずである。なぜ支払わなかったか。請託が無かったか、約束が曖昧で、支払う必要がないと思っていたとしか考えられない。

しかもコーチャン証言によれば、「そういうものは払う必要はない」という言い方までしており、大久保から、「それでは今後（P３Cなど?）の売り込みに困るぞ」と言われ、渋々支払う姿が浮き彫りになっている。

「政治家への金銭の支払いは、用心をして時期をずらしたのではないか」という見方をする人がいるかも知れない。しかし、コーチャン証言にも、丸紅はじめ関係者の証言にも、一切そのことは出てこない。

昭和四十七年十二月には総選挙があった。ロ社（丸紅）は選挙資金や政治資金として出すこともできたはずなのに、その時にも出していない。翌年の六月下旬になって、やっと督促があって出したとされている。こうなると、コーチャン氏には約束が頭にあったとは思えない。ロ社はそんなケチな会社ではない。世界有数の企業で目的のためには手段を選ばず盛んに金をばらまいてきた。日本の最高権力者と約束があったのならば、直ちにそれを果すはずだ。したがって請託はなかったとしか考えられない。さらに、もっとおかしなことは、コーチャン氏は証言の中で、「いったい誰に支払うのか」という質問に対して、ある時は、「リベラル・デモクラティック・パーティー」、ある時は、「プライム・ミニスターズ・オフィス」、ある時は、「セクレタリアット」と、その時ごとに用語が違っている。誰に支払うかも明確ではない。これは金の趣旨が大きく変わってくる重大な問題である。

すべて普通では考えられないことである。コーチャン氏に聞きたい。「いったいあなたはどういう請託を行ない、誰を相手に、どういう目的でこの金を支払おうとしたのか」と。また、「なぜ十カ月も遅れて支払いを開始し、四回の延べ払いにしたのか」とも。これらはクロス・イグザミネーション（反対尋問）を行なえば、はっきりすることだ。これをやらずに、有罪も無罪も判断できるはずがない。しかし、コーチャンの証言は、「すべて正しい」として、反論は許されない。彼はまさに神棚に祀られているのだ。こんな矛盾に満ちた裁判は、極東裁判のように勝者が敗者を裁いているような観さえある。

Ⅳ 不確かな四回の「金銭の授受」

ロ事件丸紅ルートの裁判の核心は、言うまでもなく「五億円の授受」である。検察側は主として伊藤宏被告人（元丸紅専務）の証言をもとに、五億円は次の四回に分けて、伊藤から田中秘書の榎本に手渡した、としている。

①昭和四十八年八月十日　　英国大使館裏
②昭和四十八年十月十二日　　伊藤宅近くの電話ボックス前
③昭和四十九年一月二十一日　ホテルオークラ駐車場
④昭和四十九年三月一日　　伊藤のマンション内

まず、第一の問題点は、段ボール箱に入れた巨額の金（一回につき一億円ないし一億五千万円）の受け渡しを、しかも賄賂と分かっているものを、人目につく路上や駐車場でするだろうか。自宅やオフィスなど「密室」の中で授受が行なわれるのが自然ではなかろうか。

しかも、これらの場所について、伊藤宏ほどの男が、取り調べにあたって検事に教えられるまで場所を思い出せなかったという。日時を思い出しにくいのは分かる。しかし、場所を思い出せないということはどういうことか。検事が、伊藤宏の車の運転日誌に基づいて、「ここだろう」と推測して訊き、それを伊藤が記憶にないのに認めたというのが実態のようだ。

この金銭の授受なるものに立ち会ったとされるのは、伊藤宏とその運転手の松岡、榎本敏夫と笠原運転手の四人であるが、笠原運転手は取り調べ直後に自殺、残っているのは三人だが、そのうち、榎本と松岡の二人が今年になって相次いで「新証言」をテレビなどで行なった。

榎本被告人は、テレビ朝日（二月十日・十一日放映）で田原総一朗氏、高野孟氏らのインタビューに答え、「その授受の時期と場所は検察側の主張する、昭和四十八年八月十日の英国大使館裏などの四回とは全く違う」と述べた。

また、松岡運転手は、同じくテレビ朝日（四月八日放映）のインタビューで、「段ボールを受け渡した場所など全く知らないのに、検事がしつこく誘導するので、地図を書いたりした。分からないことで尋問されると、自分が苦しくなって……。要するに早く何でもいいから終わらせて、そこから解放されたかった」などと証言している。さらに松岡運転手は、「もう二度と覚えのないことを押し付けられても、話を合わせることはしない。再び逮捕されても、二度とああいう検事調書には判を押さない」と言い切っている。

これをどう見るべきであろうか。田中側の運転手ではなく、丸紅の元運転手が、「金銭の四回の授受は存在しなかった。密室の取調室で何度も机を叩かれ、どなられて調書を取られたのだ」と言っている。この二人の「新証言」は、時期が遅かったためにいまだ公判廷では取り上げられていない。しかし、これらの証言が正しいとすれば、検察側の主張は重要な部分で成立しなくなる。

この四回の時と場所について、公判廷での伊藤は、「はっきり覚えがない」などと、その後も引き続き言を左右にしており、肯定しているとは思えない姿勢を見せている。また、先の最終弁論で、檜山被告人（元丸紅社長）の弁護人が、「個人的な意見で申し上げるが、問題の金銭の授受は、検察の言う時と場所では行なわれなかったものと確信する」と述べていることも見逃せない。おそらく、迫る時効に焦る検察が、不確実な時と場所を適当に「でっち上げた」としか考えられないのである。

これらの証言が正しいことは、常識で考えてみても、明らかである。検察側の主張は、最も重要な金銭授受の場所において「でたらめ」であり、この一点だけでも、この裁判はすでに空中分解していると言って良いのであろう。

V　笠原運転手の自殺のナゾ

こうして考えてくるとき、四人の当事者のうち、ただ一人、自殺してこの世から去った笠原運転手のことも見直す必要がある。笠原運転手は、検事の厳しい取り調べを受けた後、目白の田中邸に戻り、「今日は疲れているから帰る」ということで、公用車を自分の通勤車に乗り換えて、埼玉の自宅に帰る途中に山の中で自殺してしまった。

「検事に真実を吐露してしまった。主人（田中元首相）に合わす顔がない」と自殺した——、というのが、当時の新聞などの報道であり、「笠原を殺したのは田中である」という言い方も行なわれた。しかし、もし、四回の金銭の授受が、いま榎本秘書や松岡運転手の言うように「不存在」ならば、どうなるか。笠原運転手は厳しい取り調べに「ウソ」を認めさせられ、自分の覚えのないことに判を押してしまった。この時点で田中元首相も榎本秘書も収監されており、笠原運転手だけが外にいた。おそらく、笠原運転手としては、「自分は弱かった。検事に脅されて嘘を認めてしまった。申し訳ないことをした」と大いに悩んだのではなかろうか。

こうして笠原運転手は、良心の呵責のもとに死を選んだ可能性が強く、こうなると話は逆になる。事件をでっち上げるため、「検事が笠原運転手を殺した」と言わざるをえない状況である。これは、この事件が、数週間後に時効を控えて、とても急いだ状況の下に組み立てられたかを物語るものと言えよう。

Ⅵ 故意に隠されたP3Cの売り込み

検察の主張する、五億円の四回にわたる授受の事実に極めて疑問の多いことはすでに述べた。しかも、もし丸紅側が大筋で認め、榎本被告人が「新証言」で認めている金銭の一部の授受がより早い時期に行なわれたとしても、これはトライスターの売り込みのための金というよりも、対潜哨戒機P3C売り込みの工作金である可能性のほうがはるかに高い。

既知のように、いったん国産化の決まっていた次期対潜哨戒機（PXL）が一転して「白紙還元」され、P3C売り込みへの道を開いたのは、昭和四十七年十月九日の朝の田中首相、後藤田官房副長官、相澤大蔵省主計局長、二階堂官房長官の会議の席上であった。全日空のトライスター決定は二十日後の十月三十日であり、時期がほぼ一致することに注目しなければならない。つまり、ロ社の工作は、コーチャン氏も述べているように、「私は昭和四十年頃から十一年にわたってP3Cの売り込みに取り組んできた」のであり、この時期は、「私が児玉氏とともにPXLは国産化より輸入のほうが貿易インバランス解消のために良いと説いて回った結果、関係者の間で確かに態度が変化した」段階であった。

だからこそ、ロ事件が昭和五十一年二月に表面化したとき、新聞は、「献金、本命はPXL?」とか、「P3C売り込みで児玉に二十七億円」など、PXLを中心に事件をとらえていた。検察も同様で、昭和五十一年五月に米国の司法当局に送付した「嘱託尋問請求書」では、「被疑者数名（氏名不詳）は、ロ社の製造販売するエアバスL一〇一一（トライスター）を全日空が購入するよう、あるいは、日本政府がP3Cを選定、購入するよう取り計らってもらいたい旨の請託を受け、多額の金員を収受した」と述べている。明らかに売り込み工作ではトライスターとP3Cは、少なくとも車の両輪であった。しかも、商売としては一機五十億円、二十機売り込んで一千億円のトライスターと、一機百十五億円、九十機で一兆円と言われるP3Cでは「ケタ」が違うというのが、関係者の一致した見方であった。

したがって、昭和四十七年八月三十一日から行なわれた、ハワイでの田中・ニクソン会談では、「ニクソンの最大の関心事は兵器の売り込みで、彼は民間機だけでなくP3Cを売り込もうとした」との米国記者の証言が説得力を持つのである。しかも、全日空のトライスター導入は、正式決定こそ昭和四十七年十月三十日だが、実際はそれよりはるか前に決まっていたようだ。八月二十三日の田中・檜山会談で、いわゆる請託が行なわれたとされる時期は、「若狭社長のハラはトライスターに決まっており、全日空で同機を採用する見込みは極めて高いと判断していた」（大久保被告人の最終弁論）のである。そうなると、「トライスター売り込みで五億円」というのは、非常に不自然であり、この五億円はトライスターより、むしろP3Cの請託を目論んだものではないかとの推理を抑えることができない。

ところが、いま行なわれているロ事件公判にはP3Cの姿はほとんど見当たらない。田中元首相や丸紅首脳の起訴状はトライスター一本に絞られている。検察がコーチャン証言の嘱託尋問を米側に求めた五月二十二日から証言を得るまでの約二カ月の間に、P3Cは「消された」と言って良い。日本政府と米政府、日本政府とロ社、また米政府とロ社などの協議によって、我が国の安全保障全体、とくに日米安保条約や我が国の防衛体制を一挙に崩しかねない「軍用機であるP3C」を故意に隠し、比較的ショックの小さなトライスターだけに焦点を当てたという推理は十分に成立する。米側はおそらく、コーチャン証言を日本側に引き渡す際の条件に、①最高裁による免責の保証と②P3Cの部分の非公開と追及の中止、の二点を求めたものと考えられる。

児玉誉士夫への金の流れも昭和四十七年十月と十一月に集中して十億円以上が米国から来ている。これもトライスターより、P3Cへの報酬と考えるほうが、はるかに自然だ。トライスターはP3Cの「刺身のツマ」とでも考えるべきものなのである。しかし、検察も裁判所も、児玉が倒れてしまったことを奇貨として、「P3Cはもう終わった」という不可思議な姿勢を見せている。ロ事件の全貌や真相の解明とは程遠いところで裁判は進行しているのだ。

Ⅷ　首相の職務権限はない

民間航空会社の全日空がL一〇一一（トライスター）を導入したことをめぐる「政界疑獄」がロ事件だという。しかし、田中元首相にそこまでの職務権限があるだろうか。ここでも、いかにも無理筋な裁判の姿が浮かんでくるのだ。

検察はその論告や冒頭陳述で、①日米貿易収支が不均衡になったので、佐藤内閣は昭和四十六年六月四日に、その是正のための政策八項目を閣議決定した、②翌年七月に成立した田中内閣も引き続き八項目を推進することを決めた、③その一環として大型ジェット機の導入を含む対米輸入促進策があった、④田中首相はこの「閣議で決定された基本方針」に基づいて権限を行使して運輸大臣を指揮監督し、特定の業者（全日空）が特定の航空機（トライスター）を選定することについて行政指導をさせる職務権限を持っていた、⑤この「閣議で決定された基本方針」とは、事柄の性質上、それが明示的に閣議において決定されていなければならないという筋合いのものではなく、明示されないものも基本方針にあたる――、などとしている。

これは言うまでもなく内閣法第六条の、「内閣総理大臣は、閣議にかけて決定した方針に基づいて、行政各部を指揮監督する」という、首相の職務権限を、このロ事件のトライスター導入にも当てはめようとする、苦心の作文である。弁護側がこれに異を唱えるのは当然で、次の反論が説得力を持つと考えるのは私だけではあるまい。

①内閣総理大臣の指揮監督権は、内閣の統一、調整のための権限であり、その必要を超えて行使されるものではない。「閣議で決定された方針」（この場合には貿易不均衡是正）は一般的、抽象的で広い選択の余地のあるものなのに、内閣総理大臣がいきなり主任の大臣に特定の具体的施策を講ずるよう指揮することは、行政の分掌を定めた憲法第七十二条および第七十四条に反するし、指揮監督に「閣議

にかけて決定した方針」を要求する内閣法第六条の趣旨にも反する。

②内閣総理大臣の指揮監督権の行使は、「閣議で決定された方針」である以上、指揮監督する内閣総理大臣にとっても、指揮監督を受ける各大臣にとっても、客観的に明らかでなければならない。検察の言う「包含されるべき事項」（この場合は全日空によるトライスターの導入決定）は、それについて閣議の席上議論し、それを明示しない限り、閣僚一人一人、その具体的内容の解釈が異なることになる。

③検察の主張は、「閣議決定された方針」に基づく指揮監督権に明示されない事項も含めるという独断的な解釈によって、内閣総理大臣がその指揮監督権を勝手な裁量によりどこまでも拡げられる、とする暴論である。

閣議決定に明示されないもの、例えば対米輸入促進とか大型ジェット機導入も「閣議で決定された方針」にあたるという検察の主張を肯定することは極めて困難だ。抽象的な基本方針を決めさえすれば首相は何でもできる、指揮監督権を持つ、ということになれば、日本は首相による独裁国家になってしまうではないか。検察の主張は、疑いもなく首相の職務権限の拡大解釈であり、論理の飛躍と言わざるをえない。

もう一つ、別の角度からこの職務権限を考察すると、戦後の国会議員による贈収賄事件は、多くが一審有罪、二審無罪であり、二審無罪の判決理由に「職務権限を有しない」ことを挙げているものが多い。

例えば、昭和電工疑獄の大野伴睦議員は、一審が「懲役十月、追徴金二十万円」、二審が無罪で、理由は「大野氏は（衆院不当財産取引調査特別委の）委員外議員であり、委員会の議事については職務権限を有しない」となっている。

芦田均議員（片山内閣外相）も一審で一部無罪、一部免訴、二審で無罪となったが、その理由に、「特定業者に対する政府支払いの促進について、主任の国務大臣でない国務大臣が、閣議を経ないで紹介する行為は、国務大臣の職務に属さないし、職務に密接な関係を持つ行為と解することはできない」とある。

いずれも二審で職務権限を厳しく解釈して無罪判決を言い渡している。田中元首相のロ事件は、職務権限の面からも、有罪とするのは極めて困難と見ざるをえない。

Ⅷ　議員辞職勧告決議案

いま、10・12判決を踏まえ、田中元首相に対する野党の議員辞職勧告決議案が、政局の大きな焦点にさえなっている。一審の判決が出る前から、議員に対して「辞めろ、辞めろ」という、このヒステリックな叫びは、異常としか思えない。一審判決が出ても、二審、三審がある。その裁判の途中で議会に決議案が出され、新聞社などが世論調査と称して同様の騒ぎをしている。日本の良識はどこへ行ったのかと考えるのは、私だけではあるまい。

まず議員の地位は、繰り返される選挙により決定され、その立場が保護されている。この地位は、単に一議員の身分を決めるだけでなく、我が国の政治権力構成の基礎となる重要かつ神聖なものである。議員の地位は有権者の判断に委ねられる。そこに議会制民主主義の眼目がある。ましてや田中元首相は独裁者ではない。ロ事件の容疑で逮捕され、この七年間、毎週水曜日には東京地裁の公判に出廷している。検察側の主張を中心とした事件の内容は細大漏らさず報道され、その言動は逐一、活字や映像となっている。有権者の判断材料は十分に与えられている。しかも、田中元首相は、この事件後に行なわれた三回の総選挙を、いずれも最高点でクリアしている。しかも、二位の二倍から三倍以上の得票を得ている。これをどう考えるのか。新潟三区の有権者は「愚か」だというのか。それとも「新潟は田中角栄が長年『利益誘導』をしているから有権者が買収されている」というのか。いずれにしてもナンセンスであり、有権者（＝民主主義の基礎）を著しく冒涜する議論ではなかろうか。議員の進退は、言うまでもなく議員本人と有権者によって決定されるべきものである。

野党は、いまだ黒白のつかない事件について「辞職せよ」との決議案を出している。これほどおかしな話はない。誰にでも冤罪は起こりうる。このケースは、特に複雑、難解な事件であり、幾多の疑問が残されていることは既に述べたとおりである。仮に、一審が有罪と出ても、上級審で無罪になればどうするのか。最高裁が死刑の確定判決をした事件でさえ、最近の再審で無罪になっているケースがある。だからこそ各級の裁判が行なわれ、黒白が争われるのである。田中元首相といえども、有罪が確定すれば否応なく議員辞職となるのである。なぜ、それまで冷静に待てないのであろうか。また、仮に議員辞職勧告決議案が、党利党略、派利派略によって可決されたとしても、決議案には強制的に議員を辞めさせる権限はない。その場合、田中元首相が辞めなければどうなるか。議会はその権威を大いに失墜させるだろう。野党は法律的にできないことをしようとしているのだ。さらに問題なのは、このような立法府の動きが、少なからず司法権に影響を与えることである。これは立法府の司法権に対する介入であり、侵害でもある。三権分立の建前を崩すようなことを立法府が自ら行なっている愚を自覚すべきではなかろうか。

先に触れたように、戦前、戦後を通じて、国会議員が贈収賄事件に連座し、一審有罪、上級審で無罪となったケースは数多い。復興金融公庫事件の永江一夫氏、昭和電工事件の大野伴睦氏、芦田均氏、西尾末広氏はその好例である。これらの議員が逮捕され、一審で有罪になったとき、彼は辞職したのか。国会は議員辞職勧告決議案を可決したか。いずれも「ノー」である。野党議員も含めて、これらの議員は、自らの議席を守りつつ名誉を回復したのである。もし仮に、辞職勧告決議をして、それに従って辞職し、二審、三審で無罪となったら、誰が責任を取るのか。それら議員の名誉をどうして回復するのか。検察の主張に沿ってすべてを決める「奇怪さ」を国民はもっと知って欲しい。

米国でも今世紀（二十世紀）初頭には「起訴された上院議員は表決に参加できない。本会議場に入ることも自発的に差し控える」という慣行があった。ところが一九二四年四月にウィーラー上院議員が収賄で起訴され、それが冤罪であることが判明してから、米上院は新たに立法をして、その慣行を廃止し、ウィーラー議員への名誉を回復したのである。この立法は現在でも米上下院で生きており、「起訴されても刑が確定しない限り議員に投票権を認める」ことにしている。

田中元首相はなぜ辞めないのか。それはまず本人に、「無罪だ」という確信があるからだ。田中元首相は、かつて、「首相が在職中の汚職容疑で逮捕、拘禁、起訴されたことは、万死に値する」と述べた。しかし、真実は明らかにされねばならない。議員であり、何よりも首相であっただけに、名誉を回復したい。その前に辞めたら罪を認めることになり、裁判を続けることにも矛盾する。「首相の地位と日本のプライドのために辞められない」との考えであろう。確かに辞めることは容易だが、それによって政治家としての尊厳をすべて捨てることになる。そう考えると、田中元首相が、苦難の七年間を、自民党籍から離れて無所属にとどまり、他のすべての公職から辞してただ議席のみを守ってひたすら裁判にかけている心境が、私には深く理解できるのである。

Ⅸ　公正さを欠くマスコミ報道

いま一つ、どうしても触れておかねばならないのは、この七年間、マスコミなどの報道が、あまりにヒステリックで公正さを欠いていたのではないか、ということだ。新聞を見ると、検事の論告には紙面を割いてすべてを掲載し、田中側の反論は要旨だけ、丸紅側の反論はごく僅かだけ、というような姿勢が見られた。検察という公権力の言い分を鵜呑みにし、妄信するような、こうした姿勢は、日頃、「強引な検察の捜査」を批判し、誤判を鋭く指摘する、同じマスコミの論調とは思えない、浮き足立ったものだった。あまりに興味本位であり、記事の取捨選択が主観的に行なわれ、国民が自由な判断をする余地を狭めている、と言えないだろうか。ロ事件に関して言えば、マスコミは公正で客観的な報道をしているとは、とても考えられない。

その結果、ほとんどの国民が、田中元首相の有罪を信じるに至っている。これに週刊誌がまた興味本位の追い討ちをかけている。報道の自由の名のもとに行なわれる世論調査も司法権に圧力をかけている。世論を一方的に誘導するマスコミは、今や三権の外にそびえる「第四の権力」になった感さえある。例えば、世論調査の「有罪判決が出れば辞職すべきか」との質問に、八〇％が「辞任すべきだ」と答えた、という。もし仮に、一審有罪、何年後かに二審無罪となったとして、世論調査で「田中元首相は戦い抜いて立派だったが、一審判決の時に議員を辞めるべきであったか」と訊いたら、先の問いに「辞任すべきだ」と答えたのと同じパーセントの人が「辞めるべきでなかった」と答えるだろう。このように世論調査は客観情勢に左右され、回答を誘導しがちなものなのだ。

このように世論をうまく誘導し、影響力を行使することは、司法権の独立を侵し、民主主義の根幹を崩すことではないだろうか。司法に委ねられている裁判の判決は、静かに見守られるべきものであり、判決の直前の世論調査などは絶対に自粛すべきではないか。まして、新聞は虚偽の報道をしても罰せられることもなく、恥じ入ることもない。マスコミの在り方をこの際、少し考え直す必要がないだろうか。ロ事件の結末は世界各国の注視の的でもある。なぜ日本人同士がもう少し良識をもって対応できないのか。この事件に関する日本のマスコミの馬鹿騒ぎは、世界の嘲笑の的となっている。

X 結び——政治倫理について

最後に、いま声高に叫ばれている政治倫理について、私なりに考えてみた。

政治倫理には積極面と消極面がある。政治家も一市民として法律に違反しないこと。それなりのモラル、規律を持っていることが、倫理の消極面である。一方、積極面とは、その政治家が、政治家として国家国民のためにどれだけ働き、貢献するか、ということであろう。昨今、消極面の倫理だけが攻撃の材料に使われている。それでは政治家がすべてサラリーマン的になり、おとなしく、大過なく身を処したらいいのだろうか。それが最も大切なことだろうか。

私は違うと思う。まず政治家としての職務に生き、あるときは体を張ってでも国家国民のために犠牲になって働く積極面を持ち、それと同時に消極面の倫理が求められると思う。

田中美知太郎博士（京都大学名誉教授）は、「医者のモラルとは何か。それは病人を治すことだ。苦しんでいる病人に苦い薬を与え、痛い注射を打ち、危ない切開手術をしても、病気を治すことだ。消極的に行動して病人を殺してしまっては何にもならない」と指摘している。政治家も同じで、その政治家が、これまで国家のためにどれだけの仕事をし、今後、国民にどれだけ奉仕するかで評価されなければならない。

それが、一方的に消極面からの倫理が攻撃材料に使われている。人を攻撃するための倫理こそ、まさに最悪のモラルであり、その時すでにそのモラリティは失われていると言っても過言ではない。

むすびに

前章でご紹介した非公開資料「政治家として考える――ロッキード事件に関する一考察」を昭和五十八年（一九八三年）に記して以来、今日まで一貫して胸のうちにある私の思い、二百六十ページ以上にわたって本書で述べた主張は、読者に届くのか。この文章は私の思いをうまく届けることができるのか。繰り返しになっても、本書の結びに、いま一度、私の思いを書き連ねてはどうか――。ずいぶん悩みましたが、思いの丈を書かずには、本当のオヤジを知るほぼ最後の生き残りとして、死んでも死に切れない。そう思うに至り、この結びの文章を書くことといたします。

私は、人生の大部分を国会で過ごした根っからの政治家です。法学者でもなければ芥川賞作家でもありません。ですから、裁判のことも、法律のことも、まして本を書くということについても、専門家ではありません。けれども、オヤジ、田中角栄について語ることにおいて、心身ともにピンピンと生きている者の中では、ごく数少ない有資格者の一人である自負があります。私の頭がしっかりしているうちに、オヤジの無念の所在を明らかにしておかなければ、オヤジは浮かばれない。その思いのみを原動力に本書を書き上げました。

ですから、文章のつづり方においても、内容においても、読者諸兄から大いにご批判もあるかと思います。それらをすべて甘受した上で、私がどうしてもお伝えし、分かっていただきたい、オヤジ、田中角栄に対する思いは、詰まるところ、次のようなことに収斂《しゅうれん》されます。

一、オヤジは真の愛国者、米国になびかぬ超一流の総理大臣だった

戦後、つねに米国追従であった日本政治を率いた、吉田茂以降三十名の総理大臣の中で、オヤジ、田中角栄は極めて異色であり、唯一、毅然とした姿勢で米国と対峙しました。常に日本の国益を追求し、これを第一番目の基軸に据えて物事を判断し、勇気をもって米国にはばかることなく独立独歩の政策を次々に実行し、真の意味で総理の職責を果たした、ただ一人の総理大臣でした。

わが国の歴代総理は皆、こぞって「ワシントン詣で」をし、日米同盟を基軸として政権運営をしたわけですが、何もかも米国追従にすることがすべて日本の国益に適うものではないと、私は思います。

他の総理の姿勢とは異なり、オヤジは一つの国を治める者の矜持《きょうじ》を携え、米国の目を気にせず中国との国交を回復し、また資源小国の国益優先の観点からアラブ、ソ連、欧州、アジアと、日本独自の資源外交を展開しました。

オヤジの思想は、他方、とても世界的視座に立ったもので、たとえば冷戦下のソ連の油田開発に、対立する米国の参画を促そうとさえ考えていましたが、狭量のキッシンジャーにはオヤジの真意を読むことができませんでした。米国になびかぬオヤジを警戒し、ついにはロッキード事件という陰謀でオヤジを罠にはめ、これに三木や稲葉の思惑が重なり、P3Cをもみ消したい灰色高官らの事情とも相まって、最高裁判所までがこれに加担してオヤジの「冤罪」は完成したのです。

二、すべてがおかしいロッキード裁判は冤罪の典型

秦野章が「壮大なゼロ」と呼んだ日本政治の空白は、ターゲットを田中に絞り、P3Cをトライスターにすり替えて仕組まれたロッキード裁判という冤罪事件の生んだ、

戦後最大の政治的損失でした。

トライスターに関しては、請託も、金銭の授受もなかったにもかかわらず、捜査段階で、検事の描いたでたらめなストーリーに沿って調書が取られたことは、無実の罪のでっち上げにほかなりません。裁判所は、そのような虚偽の調書のみを証拠として扱い、調書の内容を覆す、法廷での証人らの心の叫びは全く無視されました。その結果、無実のオヤジに有罪判決を下しました。

特に最高裁判所には、捜査の段階から、憲法違反の愚行がありました。これは、法治国家に絶対にあってはならない言語道断の過ちです。

賄賂を受け取ったことを罪に問おうとするときに、賄賂を贈った側の罪は問わないなどという約束をして証言をさせたことは大問題、その約束を三権分立の垣根を越え、しかも捜査の段階で最高裁判所が宣明したことは大々問題、その証言をもとに始まるはずのない冤罪裁判が行われたことは大々々問題、その結果、無実のオヤジが誤った有罪判決を受けたことは大々々々問題です。

そのようなとりかえしのつかない大罪を犯しておいて、そしてその非を後になって最高裁自身が認めてさえいるのに、誰ひとり、何ひとつ責任が取られていないのを、なぜ皆、だまっていられるのでしょうか。

また、私のような素人ですら疑念を抱くことを、著名な権威ばかりが集まった専門家集団であるはずの田中弁護団は、なぜ突き崩せなかったのでしょうか。オヤジも弁護団も無罪を信じて疑わなかったといいます。有罪判決を受けた瞬間、オヤジは怒髪天を衝き、弁護団は落胆してうな垂れたそうですが、この裁判で無罪を勝ち取れなかったことに、憤懣《ふんまん》やる方ない気持ちを抱くのは私だけでしょうか。

三、災いしたオヤジの「金権」イメージ

マスコミや、これに煽動された世論も、オヤジに対しては冷ややかなものでした。オヤジには「金権政治家」というレッテルが、べったりと貼られました。あの当時は、国中が「田中を糾弾することが日本を救う」という雰囲気一色でした。驚くべきことに裁判所までが、その激しい風潮に流され、司法の正義も中立性も瓦解してしまいました。政権の延命を画策していた三木も、これに同調しました。これは現代社会のファッショであり私的制裁、リンチでした。

郵便不正事件で逮捕された村木厚子氏は、過酷な環境下、五カ月もの勾留と取り調べに耐え、自らの信念を決して曲げることなく調書への署名を拒否し、また検察官の醜悪な証拠捏造や、私の決定的なアリバイ証言で、見事「冤罪」を逃れました。私が法廷で初めて会った村木は、じつに実直で控えめな印象の女性でしたが、もし、彼女にオヤジのような「黒い」イメージのレッテルが貼られていたとしたら、裁判所がすべてを綯《な》い交ぜにしたまま有罪判決を下していた可能性はゼロではないと思います。ロッキード事件と郵便不正事件では、スケールが違います。しかし、裁判というものは、事件のスケールの大小を問わず、法廷の扉の外の世論に左右されることなく、予断と偏見を排し、法に則って、粛々と進められなければならないのではないでしょうか。

裁判では常に正義が行われるのでしょうか。ではなぜ冤罪事件が絶えず起きるのでしょうか。残念なことですが、人が人を裁くのですから裁判官にも間違いはあるということなのだと思います。少なくともロッキード裁判は、明らかに間違っていました。それを見過ごすことも、許すことも、私は絶対にできません。冤罪事件でオヤジのような「一人の無辜」を二度と処罰することのないよう、司法の猛省と裁判制度のもつ構造的欠陥の是正を、私は強く求めます。

四、晩年のオヤジの計り知れぬ苦悩

オヤジと初めて出会ってから、じつに五十年もの時が流れました。総理の座を追われ、七年もの長い裁判を闘い、病に倒れてさらに九年近い闘病の末、淋しく世を去った田中角栄を傍で見ていた私は、今でも耐えられないほどの悲しい気持ちでいっぱいです。

最高裁が過ちを犯し、間違った裁判が行われ、オヤジは有罪になりました。逮捕から一審判決までの七年間、田中内閣総辞職から数えれば九年もの間、無実を信じて疑わなかったオヤジは、自らの復権で、日本国内閣総理大臣という地位の名誉と尊厳を奪還しようと必死に孤軍奮闘しました。その胸中がどのようなものであったか、その辛苦がいかばかりのものであったか、私には想像することしかできませんが、まさに断腸の思いで耐え忍んでいたことでしょう。

一審有罪というオヤジの無念は、直後の総選挙での大勝で一矢報われますが、オヤジを支えた、父祖の地、越後の人々の温情も時の政局の流れを変えることはできず、苦悩と深酒がたたってオヤジは病に倒れてしまいました。

一審判決の後も、無罪を勝ち取ることなく世を去るまでに、さらに十年もの時が流れました。この間、半身麻痺で体の自由までなくしたオヤジは、何を思い、何を考えて過ごしたのでしょう。言葉にできないことの無念、行動にも示すことのできない無念を思うと、オヤジの悔しさや憤りが伝わってくるようです。

苦悩に満ちたオヤジの晩年の失われた十九年という歳月は、あまりにも長いものです。時が還ることはありません。今どれだけの人が待ち望んでも、オヤジは戻ってきません。今の政治家にはできずとも、オヤジなら成し遂げたはずであろう政治課題も山積したままです。

オヤジに有罪を下した「冤罪」裁判は、オヤジだけでなく、私たち日本の国民生活にも、計り知れぬ不利益をもたらしました。このような不条理で惜しむべき喪失が二度とこの国に起こらないことを、私は切望して止みません。

私が傘寿を過ぎてなお、ゴルフもダイビングも楽しむことのできる健康な体に産んでくれた母親には感謝も一入ですが、それにしても私が、オヤジの逝った年齢をはるかに経過したことにも感慨深いものがあります。

酒が悪かったのではなく、酒をオヤジに飲ませた事情こそがオヤジの命を奪ったわけで、日本ではオヤジの寿命を縮めたことで有名になったスコッチウイスキー、オールドパーも、無実の罪をこうむったものの一つかも知れません。

この酒の名前にもなったトーマス・パー老人は英国に生まれ、百五十二歳まで生きたとされる実在の人物です。オヤジは六十六歳で病に倒れ、パー老人の人生の半分にも満たぬ、七十五歳で人生に幕を下ろしてしまいました。邯鄲《かんたん》夢の枕とは申せ、もっともっと日本のために働いてくれたはずの天才を失った悲しみを、あらためて感じます。

還らぬ時を元に戻すことができるなら、オールドパーを片手に、裁判も政局も忘れてもう一度、あのホールインワンを思い出しながら、オヤジとゴルフ談義をしてみたいものです。

オヤジ、ありがとう。田中角栄内閣総理大臣の御霊よ、安らかに。

平成二十八年(二〇一六年)七月

著者

文庫特別収録

オヤジの無念を晴らす司法改革

もう一度バッヂをつけられたら

もし私が、もう一度国会議員としてバッヂをつけることができるとしたら、まず第一に司法制度改革に取り組み、最高裁判所長官を国会に招致するなどして、冤罪を生んでしまうような間違った裁判制度のあり方を徹底的に正したいと思います。そして、必ずやオヤジ田中角栄の無念を晴らしたいと思っています。

ロッキード裁判で裁判所が犯した罪の重大さは深刻なまでに大きなものです。捜査段階での不起訴の宣明は三権分立を唱える日本国憲法に明らかに反しますし、裁判所の嘱託尋問調書の採用は、刑事訴訟法に違反します。

不起訴の宣明は、日本の法制度では、密告や冤罪の横行の司法取引（刑事免責）は認められていませんでした。アメリカ側から要請されたとはいえ、捜査段階での最高裁の不起訴宣明は、当時の日本の制度で認められない刑事免責をアメリカの関係者に認めた、日本国憲法に明らかに違反する暴挙です。しかも、嘱託尋問調書は、日本の検事だけが立ち会い、反対尋問権のない違法な手続きによって作成されたもので、その採用は日本国憲法、刑事訴訟法に明らかに違反しています。

あの当時、ロッキード裁判の切り札として、日本へ呼んできた辣腕アメリカ人弁護士のリチャード・ベン＝ベニステから、私はこう教わりました。

「そもそもアメリカでは、嘱託尋問というものは、下っ端のギャングなどに対して『お前を不利な立場には追い込まないから、その代わりに何か情報を提供しろ』というような場合に用いられるもので、その情報を元におとり捜査などをして犯罪者の逮捕、起訴をするための手段の一つにすぎないのであって、嘱託尋問によって得られた調書そのものが裁判で証拠として採用されることなどありえない代物だ」

ロッキード社のコーチャンらに対する嘱託尋問調書には、贈賄工作に関する丸紅側との共謀が詳述されており、この調書を入手した検察当局は、嘱託尋問調書のコーチャンらの証言に合わせて日本の関係者にそのまま供述させ、検察に都合のよい話が作られました。違法な司法取引（刑事免責）と反対尋問権も許されずに作成された、この嘱託尋問調書こそがロッキード裁判の諸悪の根源だと私は信じています。

三木内閣の後ろ盾もあってのことか東京地検は、コーチャンらの要請に基づき

（コーチャンらの弁護人は、不起訴の約束がなければ証言しないと主張）「不起訴の宣明書」を出すよう最高裁判所に要請しました。当時の日本には、不起訴宣明の制度がないのですから、法にないことを宣明するなどはあってはならないことですが、驚くことに、藤林益三長官以下十五名の判事は全員一致により、不起訴宣明を認めてしまいました。このことは、そのときも、どれだけの時をへた現在も、そして未来永劫、決して看過してはならない重大な悪事です。

最高裁が三権分立の垣根を越え検察の要請に屈し、日本の法律制度にない司法取引（刑事免責）を司法権のトップとして認めたことは法治国家としてあり得ぬ愚行です。また、憲法違反の不起訴宣明を下したことで、最高裁は、我が国の司法の歴史に消すことができない大きな汚点を残したと私は申し上げたいのです。

最高裁の出した宣明書の内容は、コーチャンら米国の関係証人に「将来にわたりわが国のいかなる検察官によっても遵守され、本件各証人らが、その証言及びその結果として入手されるあらゆる情報を理由として公訴を提起されることはない」ことを宣明したものです。

このようなお墨つきがあれば、どのような事実を隠し、虚偽の事実を証言しても罪に問われません。司法取引（刑事免責）制度が存在していたアメリカにおいては合法かもしれませんが、密告がはびこり、偽証の可能性が大きい制度である司法取引は、当時の日本の法制度にはありませんでした。司法権の頂点にある最高裁は、検察の要請により、アメリカの関係者に対し、そのような「免罪符」を与えたのです。最高裁が、捜査の都合による検察の要請で、最高裁宣明など三権分立の垣根を越えたものを出したことも違憲、刑事免責の法制度がないのにもかかわらず不起訴宣明などだして検察に証拠を与えたことも違憲であり、まさに言語道断です。裁判所の正義、中立性、公平性はどこへ行ってしまったのでしょうか。この最高裁の宣明は、その後の裁判に大きな影響を与え、一審、控訴審でも最高裁は、嘱託尋問調書を違法でないとの判断をし、違憲なものとする弁護団の主張は退けられています。

オヤジの死を待っていた最高裁

さらに許されないことには、オヤジの逝去を待っていたかのように被告人死去による公訴棄却を決定し、裁判の幕引きを図ったばかりか、それから一年あまりたった平成七年（一九九五年）二月二十二日の榎本、檜山両被告人に対する上告棄却の最終判決の中で、なんと嘱託尋問調書を「違法収集証拠」として証拠から除外したことです。田中弁護団は一審の当初から、嘱託尋問調書は反対尋問に晒されていない証拠であり、検察が不起訴の約束をして証言させた憲法に反する証拠として、再三再四、嘱託尋問調書を証拠としてはならないと主張してきました。弁護団はまた、日本側の証拠はすべて嘱託尋問調書に誘導されて作成されたものであり、その大本《おおもと》となる嘱託尋問調書が証拠から排除されたことで、砂上の楼閣であるロッキード事件そのものもまた無罪とされるべきものと主張してきました。

それを、まさにオヤジが亡くなるのを待っていたかのように、間の抜けたころにようやく嘱託尋問調書が憲法違反であると認めるなど、これほど非人間的な所業はないと思います。しかもなお、誰からも、いかなるかたちの謝罪もないことは許すことができません。最高裁は不起訴宣明を忘れたのでしょうか。

ロッキード事件のすべてが、嘱託尋問調書に基づいて作り出され、嘱託尋問調書を入手できなければ事件は立件できなかった、と多くの捜査当時の検事が述べていることからも明らかなように、嘱託尋問調書を証拠から排除する以上、ロッキード事件は無罪とするのが当然です。不起訴宣明を出した最高裁が謝罪することも当然です。

検察当局は、最高裁の判決を受けて反省、謝罪するどころか、その後、冤罪の大量増産のもとになる刑事免責の法制化を企《くわだ》て、その立法化に成功し、すでに実際の事件にも使われていると聞いています。司法取引などは、今でも私刑《リンチ》が行われるような国には似合うかもしれませんが、友への裏切りを最もきらう日本のような国にはなじみません。オヤジがはめられた、このゆがんだ制度をつぶして人権を守らなければならないとの固い決意が、私にはあります。

人が人を裁く限り、冤罪を根絶することは不可能なのかもしれませんが、慎重に慎重を重ねてなお、過ちを犯してしまった場合には、たとえ違法性が阻却される場合であっても、裁判官は速やかに、真摯に、その過ちを何らかのかたちで謝罪すべきなのではないでしょうか。

平成二十八年（二〇一六年）四月、最高裁はハンセン病法廷の違憲性について、「人権を守るべき裁判所が差別を助長した」として事務方のトップである事務総長が異例の謝罪を行いました。事情こそ異なりますがロッキード事件でも憲法違反、法令違反を、法の番人であるはずの最高裁は犯しました。このことについては、同年九月に生放送のニュース番組で共演した石原慎太郎も、私と同じ指摘をしています。彼によると、我々のような外野ではなく実際の損害を被った田中家、具体的には実子の眞紀子などが申し立てれば実現は可能だと言う法律家もいるそうです。石原慎太郎は彼自身でアクションを起こそうと田原総一朗にも話を持ちかけたそうですが、「僕らには法律的な資格がない」と言われたとのエピソードも披露してくれました。「角栄のお庭番」と呼ばれたオヤジの元秘書、朝賀昭も、常々講演などで同様の指摘をくり返しています。日本の司法の権威を守るためにも、今からでも最高裁は自らの非を謝罪すべきです。

ロッキード裁判は、昭和五十二年（一九七七年）一月二十七日の初公判から、平成五年（一九九三年）十二月十六日のオヤジの逝去による公訴棄却まで、じつに約十七年もの歳月を要し、その間に裁判長たる最高裁長官が七十歳で任期を終え五度も交代しています。このような体制であっては、どこに責任の所在があるのかも判然としません。このような状態が放置され、看過されてよいはずがありません。

不起訴の宣明を決定し、初公判で大法廷の裁判長席に座っていた藤林益三長官は、初公判直後の昭和五十二年八月二十五日に退官、以降、榎本、檜山に対する上告棄却の判決文を読み上げた草場良八長官に交代するまでに、岡原昌男長官、服部高顕長官、寺田治郎長官、矢口洪一長官の四名がロッキード裁判に関わりました。私に言わせれば、この六人の最高裁長官はオヤジを無念の死に追いやった、まさに「戦犯」です。

一人の無辜を処罰することなかれ

戦後まもない昭和二十三年（一九四八年）に新しい刑事訴訟法が制定されたとき、

歴代最高裁長官。（上段左から）藤林益三、岡原昌男、服部高顯、（下段左から）寺田治郎、矢口洪一、草場良八の各氏

三十そこそこだったオヤジは、法務政務次官を務めていました。ですから法律に明るい、とりわけ刑事訴訟法に精通しているオヤジは、ロッキード裁判の判決後、目白の自邸で私たち派閥の議員を前にした大演説のなかで「俺がつくった刑事訴訟法で、なんで俺が有罪にならなくちゃいけないんだ」というように叫んでいました。

法学者から習い、若いころからオヤジがよく口にしていた「十人の罪人を逃すとも、一人の無辜を処罰することなかれ」という司法の大前提ともいうべき格言の精神は、いったいどこへ吹き飛んでしまったのでしょうか。裁判所とは、私たちの正義を守ってくれる最後の砦《とりで》だ、と私のような普通の人間は長らくそう思ってきました。なぜ、こんな裁判がまかり通るのか、どれだけ考えても納得がいきません。

日本ではひとたび起訴されると九九・九％の裁判で有罪判決が下されるといいます。罪に見合った刑の量定も大切ですが、無実の人間に刑を科すという過ちのないことのほうがなお大切なことだと思います。紙一重のところで冤罪事件にこそならなかったものの、「郵便不正事件」では特捜検事の書いたでたらめなシナリオのために、「灰色高官」の汚名を着せられかけました。私のようにまったくの「無実」であっても、ひとたび受けた汚辱をそそぐために、どれほどの苦労をしたかしれません。「無実の罪」を着せられたオヤジの辛苦が、はたしてどれほどのものであったか、私はそれをうまく表現する言葉を見つけることができません。

ロッキード事件と郵政不正事件では、スケールが違います。しかし、裁判というものは、事件のスケールの大小を問わず、法廷の扉の外の世論に左右されることなく、予断と偏見を排し、法にのっとって、粛々と進められなければならないのではないでしょうか。

裁判では常に正義が行われるのでしょうか。ではなぜ「冤罪事件」が絶えず起きるのでしょうか。冤罪事件でオヤジのような「一人の無辜」を二度と処罰することのないよう、司法の猛省と裁判制度のもつ構造的欠陥の是正を、私は強く求めます。

　何かの運命のいたずらで、今もし私が再び国会議員に返り咲くようなことがあったら、オヤジの無念を晴らすためにも、いの一番に司法改革、裁判制度改革に手をつけ、冤罪を生みにくい仕組みと誤って冤罪を生んでしまった場合の謝罪の仕方とを大いに改革したいと思います。汚辱をそそぐことができずに泉下の人となったオヤジ、田中角栄の無念を晴らすためにも、ぜひ司法府の長たる最高裁の長官と国会の場で議論を戦わせてみたいものです。

レンガの山からスッと一束

　なお、せっかくですから、ここでオヤジとロッキード事件についてこれまで述べていないエピソードを二つ、三つご披露したいと思います。

　私が北米大陸を東奔西走して見つけた敏腕弁護士、ベン＝ベニステと彼のスタッフ一行を日本へ呼ぶために相当な額の金を工面する必要があり、オヤジに代わってその金を作り惜しみなく拠出してくれたのは、「越山会の女王」と呼ばれた今は亡き佐藤昭さんです。また、当時自民党の幹事長を務めていた二階堂進先生にも大きな力を借りました。高輪プリンスホテルの最上階をすべて借り切り、そこを事務所兼宿泊場所として彼らは裁判の準備を進めていたのですが、わが身の無実を信じて疑わなかったと同時にアメリカによって引き起こされた裁判にアメリカ人の手を借りて臨むことをきらったオヤジが、いざ正式な契約をする日の朝になって、翻意してしまったことは、本文に記したとおりです。

「石井君、すまんサインはできない。アメリカの弁護士には帰ってもらってくれ」というオヤジに私は食ってかかりました。「オヤジ、これまでの苦労は何だったんですか。彼らを入れれば、裁判には完全に勝てるんですよ」「すまん、石井君、どうかこらえてくれ」。国会においても、マスコミに対しても、終始オヤジ擁護の論陣を張り、渡米して弁護士を探し、こんなやりとりまでオヤジとした私は、そのころには子分のなかでもほかの連中とは一味も二味も異なる存在感を示していました。

あるとき何かのことで「オヤジ、これはこうですから、こうして、こないしてください」などと私がオヤジに向かって言うのを横で聞いていた宮崎一区選出で大蔵官僚出身の大原一三さんがびっくりして「ピンさん、どうしてオヤジにそんな生意気な口をきくことができるの」ときかれたことをよく覚えています。

わざわざ日本へ連れてきたベン＝ベニステのところへ、オヤジの揺るぎない意思を伝えて契約にはいたらなくなった旨の謝罪に不承不承出向く私に、佐藤昭は数千万の札束を持たせてくれました。高輪への行きがけ、砂防会館の事務所にその金を取りに立ち寄ったところ、奥田敬和君がいて、私が預かった金の山からスッと一束抜いて背広のポケットに入れてしまいました。「こら、敬和ちゃん何するの」と言う私に、「こんなにたくさんあるんだから、一束くらいなくてもわからへん、わからへん」と、どこ吹く風です。本著でご披露するような話ではないのかもしれませんが、初当選同期のなかでも無二の親友だった奥田君との懐かしい思い出の一つです。「彼の、小柄な体に似合わぬ大きな心臓がほしいな」との思いが、ほんの一瞬、私の頭にもよぎったことを告白して、彼の冥福を祈りつつ、すでに泉下の人となり反論のできない奥田君の理解を乞いたいと思います。

「石井を落とした」オヤジは叫んだ

そして、本書の第一章でも少し触れたことですが、オヤジとの思い出で、これまであまり語らなかったある冬の午後のことを最後に書かせていただきます。それは昭和五十八年（一九八三年）十二月に行われた第三十七回総選挙で私が惜敗した際のことです。

ロッキード事件の一審は、まさかの懲役四年の実刑判決で、国会は空転、中曽根康弘総理は事態収拾のため解散に打って出、「田中判決解散」と呼ばれました。自民党への逆風はすさまじく、私は浪人となりました。

しかし、無所属で臨んだオヤジは、あにはからんや、一位当選を果たします。しかも、四万八千三百二十四票を得て二位で当選した村山達雄の五倍近い得票である二十二万七百六十一票もの大量得票での、文句なしのトップ当選でした。郷土の有権者がオヤジにいだく敬愛の情の深さにも感服しますが、越後の人々をそこまでとりこにするオヤジの「人間力」に、私は驚きを禁じえませんでした。あと一歩およばず涙をのんだ自分の境遇を、私は恨めしくさえ思いました。

あれほどの悔しい思いは、それ以前にもそれ以降も味わったことがありません。「死力を尽くして闘ったが及ばなかった。誰に恨みもない。一つの悔いもない」と自分に言い聞かせつつも、後悔の念が実際にありました。ごうごうたる田中批判の激流にさからうように連日「田中擁護」の持論をテレビなどで展開し続けたのですから、ある意味、落選は当然の結果でした。また、あの年はロッキード裁判のことでたびたび渡米し、地元を空けがちで選挙に集中できなかったこともこたえました。しかし、後悔先に立たず、です。「オヤジにはこんな男が一人くらいついていてやってよかったんだ」と自分に言い聞かせ、いつあるかもしれない次の総選挙での捲土重来を期し、私は地元での政治活動に精を出すことをなかば口実にして、東京へ赴くこと、国会周辺に顔を出すことを避けていました。

あのときの私の落選を私以上に悔しがり、あのころの私に誰よりも心を寄せてくれたのは、ほかでもないオヤジ、田中角栄でした。「石井を落とした」「なぜあの男は落ちたのか」「三人落とすよりデカい」。当選した議員が次々とあいさつに訪れるなか、オヤジはそう叫んでいたそうです。

総選挙が終わって三日たち、五日たっても私が姿をあらわさないのを、毎日気にしてくれました。あまりに落ち着かないでいるオヤジの様子を伝えるため、佐藤ママこと佐藤昭《あき》は、たびたび私のところに電話をよこしました。「ピンちゃん、いつ来るの」「オヤジが本当に気にしてる」「早く来てやって」「お願い」

誰にも会いたくない心境というのが、当時の私の本心でした。選挙のあった日が師走の十八日でしたから、一陽来復あらたまの春、新しい年が明けてから、気分も晴れたところで上京しようと思っていたのです。クリスマスが過ぎ、御用納めも近づくと、ママからの電話の回数はますます増えました。「早く来て」「早く早く」「ピンちゃん、ぜひ顔を見せてやって。たのみます。オヤジがかわいそう」。ついに私は意を決し、暮れも押し詰まった十二月二十八日、オヤジに会うため上京したのです。

オヤジとの今生の別れ

選挙も終わり、クリスマスの翌日に開会した特別国会も年末年始の休みに入っていました。久しぶりに訪れた永田町界隈はひっそりと静まり返っています。組閣まもない第二次中曽根内閣には、奥田敬和が郵政大臣、渡部恒三が厚生大臣、小此木彦三郎が通産大臣、森喜朗が文部大臣と、同期が四人も入閣を果たしていました。

年末年始を故郷で過ごすための帰省ラッシュもピークを過ぎたのか、東京の街も閑散とし、家々の玄関には門松が置かれ、しめ飾りが下がっていました。陳情に訪れる人また人で朝から晩まで人跡の途絶えることのない目白の田中邸は、ふだんからは想像もできないほど人気《ひとけ》がありませんでした。そんなオヤジの「本宅」へ、私が一人でタクシーを乗りつけたのは、その日の昼を少し回ったころでした。

「おお石井君、来てくれたか。待っていたぞ。昼飯がまだだろう。用意をしてあるから一緒にやろう」

オヤジは開口一番そう言うと、心から温かく私を迎え入れてくれました。

「本当に今回はすまんな。君には何か大きなポストにつけてやろうと思っていたのに」

「オヤジ、今回の結果は私の不徳の致すところです。オヤジのせいではありません。必ず次に上がってきますので、そのときはよろしくお願いします」

このとき、オヤジは母屋の奥まで私を連れていきました。それまでに幾度目白の本宅へ上がったかしれませんが、オヤジのプライベートな空間に足を踏み入れたのは初めてのことでした。畳の居間に置かれたちゃぶ台の上には、鮭《さけ》や納豆、豆腐に菜っ葉、越後の郷土料理やみそ汁などが並んでいました。田舎の料理ばかりでしたが、オヤジにとっては子供のころから食べなれた好物を、最高のもてなしとして私にふるまってくれたのです。

「どれもオフクロの味だ」。オヤジは母、フメさんとの思い出を、懐かしそうに私に聞かせてくれました。

それから二時間以上、オヤジと私の二人きりでゆっくり話をしながら、ともに時間を過ごしました。あれほどぜいたくにオヤジを独り占めしたことのある人はなかなかいないのではないでしょうか。選挙のこと、新しい内閣のこと、トライスターやP3Cのこと、裁判のこと、家族のこと、故郷のこと、話は尽きることがありませんでした。

冬の日が早くも傾きかけ、よく晴れたあの日の空から西日が本宅の窓に差し込み始めたころ、私は田中邸をあとにしました。

「頑張って、必ず戻ってこい。要るものは何でも言ってこい」

オヤジはそう言い、わざわざ玄関先で、私が門を出るまで私を見送ってくれました。「今日は来てよかった」「この人に尽くして本当によかった」「やっぱりオヤジは温かい人だ」「次は必ず上がって国会に帰ってくる」。たそがれの東京の空にそうつぶやいて、私は発車ベルの鳴りやんだ下りの新幹線に飛び乗りました。

それから一年あまり、昭和六十年（一九八五年）二月二十七日、次の当選までオヤジには会わない覚悟で地元の活動に精をだしていた私のところへ、オヤジが脳梗塞で倒れたとの知らせが入りました。その後九年近い闘病生活をへてオヤジは還らぬ人となりましたので、考えてみれば、本宅の居間で二人きりで過ごしたあのときが、オヤジとの今生《こんじょう》の別れになってしまいました。

奥田や渡部たちに遅れることじつに七年、国務大臣・国土庁長官として初入閣したとき、もはや国会にも目白にもオヤジの姿はなく、私は、キングメーカー田中角栄の力を借りることができませんでした。

あの暮れの午後、目白で過ごしたあいう瞬間のことを「一期一会」というのでしょう。「私の地元ではネ、これを『エチゴ』一会というのであります」。オヤジの言いそうな、そんな角栄節をもう一度聞きたくてなりません。オヤジは本当に大きな存在の人でした。

人生の最後に待ち受けていた闘病生活

そのオヤジは、昭和六十（一九八五年）二月二十七日に倒れてから平成五年（一九九三年）十二月十六日に逝去するまで、闘病生活はじつに九年近くにも及びました。当初入院していた飯田橋の東京逓信病院からほんの二カ月ほどで娘の眞紀子が退院させてからは、彼女の完全なる管理と監視のもとに置かれたため、オヤジの晩年については、本文でも述べたように、詳しく知る人がほとんどいません。目白での療養生活に入って以降、私はとうとう一度もオヤジには面会できませんでしたし、平成四年（一九九二年）四月に中国の江沢民総書記が目白の田中邸を訪問したとの報道がある以外、最も頻繁に会っていたはずの小沢辰男や小沢一郎ら田中派の側近議員も、発病後のオヤジには一度も会っていないとどこかで語っています。

当時の関係者から聞いた話によると、自宅での療養生活は、眞紀子や雇い入れたヘルパーのほかにオヤジの妹や、姪、甥だけで支えていたそうです。甥の光雄君はそれまで勤めていた会社を辞めてオヤジを面倒みたそうですが、それ以外にも目白の本宅にあった池を埋めて作った庭の芝刈りから傷んだ外壁のペンキ塗りまでしていたそうで、それをオヤジは不自由な体ながらも手を合わせ光雄君に拝んでわびたといいます。

雪国に来た遅い春、大正七年（一九一八年）五月に越後の山村に生まれ落ち、十九歳の若さで建築事務所を設立、二十八歳で衆議院議員に初当選、三十九歳にして郵政大臣として初入閣、以降、異例の若さで大蔵大臣、自民党幹事長、通産大臣を歴任し昭和五十二年（一九七二年）、五十四歳のときに内閣総理大臣にまでのぼりつめ、そして、その先に待ち受けていたロッキード……。

長く険しかったオヤジの人生で、オヤジ本人が何よりつらかったのは、この晩年の九年近くに及んだ目白での生活であったと私は思います。体の自由や発言の自由に加えて、面会の自由まで奪われ、完全なる看護のもとで過ごさざるを得ませんでした。オヤジを愛し、オヤジが愛した人々が見舞いに訪れ、その懐かしい顔に喜び、涙し、それまで歩んだ人生を回顧しながら、オヤジには最期の日々を過ごしてほしかったと思います。オヤジもそんな日々を願っていたはずです。

天才政治家田中角栄の全盛期を真横で見てきた私は、あの目白での八年十カ月がオヤジにとってどれだけ長くつらい時間であったか、想像するだけで涙が出てきます。

この国の繁栄のために身命を賭してさまざまな仕事をしたオヤジの晩年に待ち受け

ていたものが、ロッキード裁判であり、長すぎる闘病生活であったとは、本当に気の毒でなりません。もし私が、もう一度国会に戻ることができるならば、亡きオヤジへの最後の奉公として、司法制度の改革と最高裁から田中家への謝罪を速やかに実現させたい。否、誰の手であっても、これだけは実現させてほしいと、心の底から願っています。

令和元年（二〇一九年）冬至

東京・永田町の自宅にて

石井　一

■田中角栄とロッキード事件略年表

昭和45(1970)	1・9	全日空、新機種選定準備委員会発足
47(1972)	7・7	田中角栄内閣発足(田中54歳)
	8・23	檜山廣丸紅社長ら田中邸を訪問
	8・31〜	ハワイで田中・ニクソン日米首脳会談
	9・25〜	田中、中国訪問。日中国交正常化のための共同声明発表
	10・30	全日空、トライスター導入を正式決定
48(1973)	9・22	キッシンジャー、米国務長官に就任
	9・26〜	田中、欧州各国やソ連を歴訪し資源外交を展開。日ソ共同声明発表
	10・6	第4次中東戦争勃発、世界中でオイルショック広まる
49(1974)	1・7〜	田中、東南アジア諸国を歴訪
	9・12〜	田中、南米・北米4カ国を歴訪
	10・28〜	田中、オセアニア・アジア3カ国を歴訪
	11・18	フォード米大統領来日
	12・9	「金脈」批判を受け田中内閣総辞職。「椎名裁定」により三木武夫内閣発足
50(1975)	8・25	米上院チャーチ委員会でロッキード社の工作が発覚
51(1976)	2・4	チャーチ委員会、政府高官らの関与を指摘。日本でも問題化
	3・24	日米司法共助協定調印
	6・25	ロサンゼルス連邦地裁で嘱託尋問開始
	7・24	贈賄側の免責を保証する最高裁の宣明
	7・27	田中逮捕、自民党を離党し無所属に
	11・2	衆院ロッキード事件特別委理事会で「灰色高官」の名前公表
	12・5	第34回総選挙(任期満了による)。田中、トップ当選
	12・24	福田赳夫内閣発足
52(1977)	1・27	田中ら「丸紅ルート」初公判、田中涙の全面否認

53(1978)	7・24	キッシンジャーが初めて目白の田中邸を訪問
	10・24	鄧小平・中国副首相が目白の田中邸を訪問
	11・27	自民党総裁公選予備選で、大平正芳が福田をおさえ勝利。大平内閣発足
54(1979)	10・7	第35回総選挙で自民党大敗。田中、トップ当選。大平総理の進退めぐり「40日抗争」
55(1980)	6・12	大平総理死去
	6・22	第36回総選挙、自民党圧勝。田中、トップ当選。鈴木善幸内閣発足
56(1981)	7・24	キッシンジャー、2度目の田中邸訪問
57(1982)	6・1	趙紫陽・中国首相が田中邸訪問
	11・24	自民党総裁選で田中派の全面支援を受けた中曽根康弘が大勝。中曽根内閣発足
58(1983)	1・26	論告求刑(第184回公判)
	3・14	米国の弁護士、ベン・ベニステ来日も田中は弁護を固辞
	10・12	東京地裁、田中に懲役4年、追徴金5億円の判決(第191回公判)　田中側、即日控訴
	10・28	田中・中曽根会談。田中は議員辞職を否定
	12・18	第37回総選挙(通称「ロッキード選挙」)。自民党大敗(石井、落選)。田中は22万票余を得て空前の圧勝
60(1985)	1・8	キッシンジャー、3度目の田中邸訪問
	2・7	竹下登ら創政会結成
	2・27	田中、脳梗塞で倒れ入院(田中66歳)
62(1987)	7・29	東京高裁、田中らの控訴棄却。田中ら最高裁へ上告
平成2(1990)	1・24	田中、総選挙に立候補せず、政界引退。越山会解散
4(1992)	4・7	江沢民総書記が目白の田中邸を訪問
	8・27	眞紀子らに付き添われ、病の体で中国を訪問
5(1993)	12・16	田中角栄逝去(享年75)。被告人の死去により公訴棄却
7(1995)	2・22	最高裁、最終判決。榎本敏夫らの上告棄却。違法収集証拠として嘱託尋問調書を証拠排除

◇主な参考文献

『田中角栄の真実　弁護人から見たロッキード事件』木村喜助（弘文堂、二〇〇〇年）
『田中角栄　消された真実』木村喜助（弘文堂、二〇〇二年）
『何が権力か。　マスコミはリンチもする』秦野章（講談社、一九八四年）
『無罪請負人　刑事弁護とは何か？』弘中惇一郎（角川ｏｎｅテーマ21、二〇一四年）
『検察の正義』郷原信郎（ちくま新書、二〇〇九年）
『検察が危ない』郷原信郎（ベスト新書、二〇一〇年）
『私は負けない「郵便不正事件」はこうして作られた』村木厚子（中央公論新社、二〇一三年）
『「東電女性社員殺害事件」弁護留書』石田省三郎（書肆アルス、二〇一三年）
『水本事件　現代の謀略を追う』宇治芳雄（龍溪書舎、一九七八年）
『天地有情　五十年の戦後政治を語る』中曽根康弘（文藝春秋、一九九六年）
『朴正煕と金大中　私の見た激動の舞台裏』文明子（共同通信社、二〇〇一年）
『ＣＩＡ秘録　その誕生から今日まで』（上・下）ティム・ワイナー（文藝春秋、二〇〇八年）
『この国は俺が守る　田中角栄アメリカに屈せず』仲俊二郎（栄光出版社、二〇一一年）
『アメリカに潰された政治家たち』孫崎享（小学館、二〇一二年）
『私の田中角栄日記』佐藤昭子（新潮社、一九九四年）
『田中角栄　私が最後に、伝えたいこと』佐藤昭子（経済界、二〇〇五年）
『昭　田中角栄と生きた女』佐藤あつ子（講談社、二〇一二年）
『熱情　田中角栄をとりこにした芸者』辻和子（講談社、二〇〇四年）
『淋しき越山会の女王　他六編』児玉隆也（岩波現代文庫、二〇〇一年）
『政治家田中角栄』早坂茂三（中央公論社、一九八七年）
『早坂茂三の「田中角栄」回想録』早坂茂三（小学館、一九八七年）
『オヤジとわたし　頂点をきわめた男の物語／田中角栄との23年』早坂茂三（集英社、一九八七年）
『怨念の系譜　河井継之助、山本五十六、そして田中角栄』早坂茂三（東洋経済新報社、二〇〇一年）

『田中角栄邸　書生日記』片岡憲男（日経BP企画、二〇〇二年）
『角栄のお庭番　朝賀昭』中澤雄大（講談社、二〇一三年）
『角栄の「遺言」「田中軍団」最後の秘書　朝賀昭』中澤雄大（講談社＋α文庫、二〇一五年）
『田中角栄　最後の秘書が語る情と智恵の政治家』朝賀昭（第一法規、二〇一五年）
『田中角栄研究　全記録』（上・下）立花隆（講談社、一九七六年）
『田中角栄の読み方』高野孟（ごま書房、一九八三年）
『田中角栄　その巨善と巨悪』水木楊（日本経済新聞社、一九九八年）
『田中角栄に聞け　民主政治と七分の理』塚本三郎（PHP研究所、二〇一〇年）
『田中角栄　戦後日本の悲しき自画像』早野透（中公新書、二〇一二年）
『昭和、平成　震撼「経済事件」闇の支配者』大下英治（青志社、二〇一四年）
『田中角栄という生き方』別冊宝島二一八三（宝島社、二〇一四年）
『天才』石原慎太郎（幻冬舎、二〇一六年）
『田中角栄を葬ったのは誰だ』平野貞夫（K&Kプレス、二〇一六年）
『実録朝日新聞』細川隆元（中央公論社、一九五八年）
『神戸の100人』朝日新聞神戸支局（神戸新報社、一九七一年）
『関西空港戦争　悲劇を克服した神戸空港の物語』佐藤朝泰（イースト・プレス、一九九二年）
「角栄を裁いた岡田光了裁判長の全履歴」伊勢暁史（『政界往来』一九八四年新春特別号）
「アメリカの虎の尾を踏んだ田中角栄」田原総一朗（『中央公論』一九七六年七月号）
「榎本敏夫7年目の新証言」田原総一朗（『文藝春秋』一九八三年三月号）
「北京の晴舞台で田中角栄は何を見たか」田原総一朗（『中央公論』一九七六年八月号）
「ロッキード事件に表われた日米支配層の暗闘」高野孟（『月刊社会党』一九八二年十二月号）
「田中角栄は『無罪』だった！」田原総一朗（『諸君！』二〇〇一年二―四月号、六―八月号）
「児玉誉士夫の『喚問回避』に手を汚した東京女子医大　『ロッキード事件』25年目の真実」天野恵市（『新潮45』二〇〇一年四月号）

敬称は、原則として略させていただきました
引用文に付した傍点は、筆者によるものです

単行本　平成二十八年七月　産経新聞出版刊

執筆協力　山内冬彦
装　幀　伏見さつき
DTP　佐藤敦子
写真提供　産経新聞社
共同通信社

産経NF文庫

冤罪【文庫特別版】

二〇二〇年二月二十二日　第一刷発行

著者　石井一

発行者　皆川豪志

発行・発売　株式会社　潮書房光人新社

〒100-8077　東京都千代田区大手町一-七-二

電話／〇三-六二八一-九八九一㈹

印刷・製本　凸版印刷株式会社

定価はカバーに表示してあります

乱丁・落丁のものはお取りかえ致します。本文は中性紙を使用

ISBN978-4-7698-7020-3　C0195

http://www.kojinsha.co.jp

産経NF文庫の既刊本

中国人の少数民族根絶計画

楊 海英

香港では習近平政権に対する大きな抗議活動が続き、「改造」政策に対する懸念が広がる。さらに内モンゴル、チベット、ウイグルへの中国の少数民族弾圧は凄まじさを呈している。内モンゴルに生まれ、中国籍を拒絶した文化人類学者が中国新植民地政策に対して警告する。

定価〈本体830円＋税〉 ISBN978-4-7698-7019-7

朝鮮大学校研究

産経新聞取材班

幼・保・高校無償化なんて、トンデモない！　金正恩の真意とは。もはや、わが子を通わせたくない——朝鮮大学校OB、総連関係者が赤裸々な心情を語る。今だから知りたい、在日コリアンのためは二の次、民族教育の皮を被った工作活動、日本を「敵」と呼ぶ教えとは。

定価〈本体800円＋税〉 ISBN978-4-7698-7018-0

産経NF文庫の既刊本

旧制高校物語 真のエリートのつくり方
喜多由浩

私利私欲なく公に奉仕する心、寮で培った教養と自治の精神……。中曽根康弘元首相、ノーベル物理学賞受賞の小柴昌俊博士、作家の三浦朱門氏など多くの卒業生たちが旧制高校の神髄を語る。その教育や精神を辿ると、現代の日本が直面する課題を解くヒントが見えてくる。

定価〈本体820円＋税〉 ISBN978-4-7698-7017-3

神話のなかのヒメたち イザナミノミコト、天照大御神から飯豊王まで
産経新聞取材班

古事記・日本書紀には神や王を支える女神・女性が数多く登場する。記紀では彼女たちの支援や献身なしには、英雄たちの活躍はなかったことを描き、その存在感は神話時代から天皇の御世になっても変わりなく続く。「女ならでは」の視点で神話・古代史を読み解く。

定価〈本体810円＋税〉 ISBN978-4-7698-7016-6

日本人なら知っておきたい英雄 ヤマトタケル
産経新聞取材班

古代天皇時代、九州や東国の反乱者たちを制し、大和への帰還目前に非業の死を遂げた英雄ヤマトタケル。神武天皇から受け継いだ日本の「国固め」に捧げた生涯を南は鹿児島から北は岩手まで、日本各地を巡り、地元の伝承を集め、郷土史家の話に耳を傾けて綴る。

定価〈本体810円＋税〉 ISBN978-4-7698-7015-9

産経NF文庫の既刊本

教科書が教えない 楠木正成
産経新聞取材班

明治の小学生が模範とした人物第一位——天皇の求心力と権威の下で実務に長けた武士が国政を取る「日本」を夢見て、そのために粉骨砕身働いたのが正成という武将だった。戦後、墨塗りされ、教科書から消えた正成。その無私の心とは。日本が失った「滅私奉公」を発掘する。

定価〈本体900円+税〉 ISBN 978-4-7698-7014-2

来日外国人が驚いた 日本絶賛語録
ザビエルからライシャワーまで
村岡正明

日本人は昔から素晴らしかった! ザビエル、クラーク博士、ライシャワーら、そうそうたる顔ぶれが登場。彼らが来日して驚いたという日本の職人技、自然美、治安の良さ、和風の暮らしなど、文献をもとに紹介する。日本人の心を誇りと自信で満たす一〇二の歴史証言集。

定価〈本体760円+税〉 ISBN978-4-7698-7013-5

「令和」を生きる人に知ってほしい 日本の「戦後」
皿木喜久

なぜ平成の子供たちに知らせなかったのか……GHQの占領政策、東京裁判、「米国製」憲法、日米安保——これまで戦勝国による歴史観の押しつけから目をそむけてこなかったか。「敗戦国」のくびきから真に解き放たれるために「戦後」を清算、歴史的事実に真正面から向き合う。

定価〈本体790円+税〉 ISBN978-4-7698-7012-8

産経NF文庫の既刊本

子供たちに伝えたい 日本の戦争 1894〜1945年
あのとき なぜ戦ったのか
皿木喜久

あなたは知っていますか?子や孫に教えられますか?日本が戦った本当の理由を。日清、日露、米英との戦い…日本は自国を守るために必死に戦った。自国を貶める史観を離れ、「日本の戦争」を真摯に、公平に見ることが大切です。本書はその一助になる〝教科書〟です。

定価〈本体810円+税〉 ISBN978-4-7698-7011-1

全体主義と闘った男 河合栄治郎
湯浅 博

自由の気概をもって生き、右にも左にも怯まなかった日本人がいた!河合は戦前、マルクス主義の痛烈な批判者であり、軍部が台頭すると、ファシズムを果敢に批判。河合人脈は戦後、論壇を牛耳る進歩的文化人と対峙する。安倍首相がSNSで紹介、購入した一冊!。

定価〈本体860円+税〉 ISBN978-4-7698-7010-4

日本に自衛隊がいてよかった
自衛隊の東日本大震災
桜林美佐

誰かのために—平成23年3月11日、日本を襲った未曾有の大震災。被災地に入った著者が見たものは、甚大な被害の模様とすべてをなげうって救助活動にあたる自衛隊員の姿だった。自分たちでなんでもこなす頼もしい集団の闘いの記録、みんな泣いた自衛隊ノンフィクション。

定価〈本体760円+税〉 ISBN 978-4-7698-7009-8

産経NF文庫の既刊本

神武天皇はたしかに存在した　神話と伝承を訪ねて
産経新聞取材班

（神武東征という）長旅があって初めて、天照大御神の孫のニニギノミコトを地上界での祖とする皇室は大和に至り、天皇と名乗って「天の下治らしめしき」ことができたのである。東征は、皇室制度のある現代日本を生んだ偉業、そう言っても過言ではない。（序章より）

定価〈本体810円＋税〉　ISBN978-4-7698-7008-1

中国人が死んでも認めない　捏造だらけの中国史
黄　文雄

真実を知れば、日本人はもう騙されない！中国の歴史とは巨大な嘘！中華文明の歴史が嘘をつくり、その嘘がまた歴史をつくる無限のループこそが、中国の主張する「中国史の正体」なのである。だから、一つ嘘を認めれば、歴史を誇る「中国」は足もとから崩れることになる。

定価〈本体800円＋税〉　ISBN978-4-7698-7007-4

金正日秘録　なぜ正恩体制は崩壊しないのか
龍谷大学教授　李　相哲

米朝首脳会談後、盤石ぶりを誇示する金正恩。正恩の父、正日はいかに権力基盤を築き、三代目へ権力を譲ったのか。北朝鮮研究の第一人者が機密文書など600点に及ぶ文献や独自インタビューから初めて浮かびあがらせた、2代目独裁者の「特異な人格」と世襲王朝の実像！

定価〈本体900円＋税〉　ISBN978-4-7698-7006-7

産経NF文庫の既刊本

総括せよ！ さらば革命的世代
50年前、キャンパスで何があったか

産経新聞取材班

半世紀前、わが国に「革命」を訴える世代がいた。当時それは特別な人間でも特別な考え方でもなかった。にもかかわらず、彼らは、あの時代を積極的に語ろうとはしない。彼らの存在はわが国にどのような功罪を与えたのか。そもそも、「全共闘世代」とは何者か？

定価〈本体800円＋税〉 ISBN978-4-7698-7005-0

国民の神話
日本人の源流を訪ねて

産経新聞社

乱暴者だったり、色恋に夢中になったりと、実に人間味豊かな神様たちが多く登場し、躍動します。感受性豊かな祖先が築き上げた素晴らしい日本を、もっともっと好きになる一冊です。日本人であることを楽しく、誇らしく思わせてくれるもの、それが神話です！

定価〈本体820円＋税〉 ISBN978-4-7698-7004-3

国会議員に読ませたい 敗戦秘話
政治家よ！もっと勉強してほしい

産経新聞取材班

敗戦という国家存亡の危機からの復興、そして国際社会で名誉ある地位を築くまでになったわが国——なぜ、日本は今、繁栄しているのか。国会議員が戦後の真の歴史を知らずして、この国を動かしているとしたら、日本国民としてこれほど不幸なことはない。

定価〈本体820円＋税〉 ISBN978-4-7698-7003-6